5

Materialien des
ITW Bern

Samuel Henzi

Grisler ou l'ambition punie

Grisler oder der bestrafte Ehrgeiz

1748/49, Tragédie / Tragödie
Edition bilingue / Deutsch von Kurt Steinmann

EDITIONS
THEATERKULTUR
VERLAG

Materialien des ITW Bern

Herausgegeben von Andreas Kotte in Zusammenarbeit mit
der Schweizerischen Gesellschaft für Theaterkultur (SGTK)
und dem Institut für Theaterwissenschaft der Universität
Bern (ITW).

Sous la direction d'Andreas Kotte en collaboration avec la
Société suisse du théâtre (SST) et l'Institut d' études théâtrales de l'Université de Berne (IET).

Die Publikation wird unterstützt durch:
La publication bénéfice du soutien de:

Schweizerische Akademie der Geistes- und Sozialwissenschaften / Académie
suisse des sciences humaines et sociales, Pro Helvetia, Pro Patria.

Alle Urheberrechte der deutschen Fassung beim Übersetzer:
Dr. Kurt Steinmann, Eichenstr. 34, CH- 6015 Reussbühl

Schweizer Theaterjahrbuch
Annuaire suisse du théâtre
57-1996

Avant-propos

La série «Matériaux de l'Institut d'études théâtrales (IET)» publie, outre des recherches historiques et théoriques, des œuvres dramatiques isolées, soit inédites ou en première traduction, l'idée étant de les rendre accessibles à la fois à la recherche et à la pratique théâtrales. Jusqu'ici, la tragédie française que Samuel Henzi a consacrée au thème de Guillaume Tell était disponible sous la forme d'une édition en facsimilé. Nous la republions ici, mais augmentée de sa toute première traduction allemande. Edition bilingue, donc, en pages juxtaposées. Notre entreprise jette un pont entre les frontières linguistiques; elle offre une lecture comparative; elle incite à relativiser la marque, jusqu'ici prépondérante, que Schiller a apposée au sujet, par son *Guillaume Tell* de 1804.

A la suite du texte lui-même, trois contributions : la présentation générale de Urs Helmensdorfer; la notice du traducteur, Kurt Steinmann; et celle que Béatrice Perregaux consacre à la langue et à la prosodie de Samuel Henzi. Cet ensemble pose plus de questions qu'il n'en résout! Questions qui pourraient susciter cette édition historico-critique qui n'existe pas encore, et qui serait nourrie d'analyses aussi bien de la langue que de la dramaturgie à l'œuvre dans la tragédie de Henzi. Pour ce qui en est de sa dramaturgie, précisément, elle gagnerait à se voir expérimentée, ou mise à l'épreuve, sur un plateau. L'entreprise appelle une main inspirée et, finalement, bien moins de courage qu'il n'en a fallu, de son vivant, à l'auteur lui-même.

Andreas Kotte (version française de Béatrice Perregaux)

Vorbemerkung

Neben theatertheoretischen Untersuchungen widmet sich die Reihe «Materialien des ITW Bern» auch einzelnen dramatischen Texten, die in Erstausgaben oder Erstübertragungen sowohl der theaterwissenschaftlichen Forschung als auch der Theaterpraxis zugänglich gemacht werden. Das Tell-Drama Samuel Henzis lag bisher in einem französischsprachigen Faksimile-Abdruck vor, der nun in einer Paralleltextausgabe um eine deutsche Übertragung ergänzt wird. Ein solches Verfahren überwindet Sprachgrenzen, ermöglicht einer breiten interessierten Öffentlichkeit eine vergleichende Lektüre und regt dazu an, einmal assoziativ den Schatten der Schiller-Prägung zu verlassen.

Gerade in der Zusammenschau des Nachwortes des Hörspielleiters Urs Helmensdorfer mit den beigegebenen Anmerkungen des Übersetzers Kurt Steinmann sowie der Literaturwissenschafterin Béatrice Perregaux entdecken Leserinnen und Leser mehrere offene Fragen. Sie richten sich an eine – derzeit noch ausstehende – historisch-kritische und reich kommentierte Ausgabe samt philologischer und theaterwissenschaftlicher Analyse. Vor allem letztere würde gewinnen, ginge ihr eine Erprobung des Textes auf der Bühne voraus. Für ein solches Unternehmen bedarf es einer glücklichen Hand bei der Bearbeitung, letztlich aber viel weniger Mutes, als ihn der Autor zu Lebzeiten aufbringen musste.

Andreas Kotte

Le décapitation de Samuel Henzi, d'après une gravure de l'époque (détail)
Die Enthauptung Henzis in einer zeitgenössischen Darstellung (Ausschnitt)
I. Finck, 1749?, 29 x 17 cm, Burgerbibliothek Bern

GRISLER

OU

L'AMBITION PUNIE.

TRAGEDIE

EN CINQ ACTES.

M DCC LXII.

Frontispice de l'édition anonyme de 1762
Frontispiz des anonymen Drucks von 1762

ACTEURS

GRISLER, Gouverneur d'Ury & de Schwitz
LEINHARD, Confeiller fecret de Grisler
WERNER, Baron d'Altinghaufs
ADOLPHE, fils de Grisler
TELL, Gentilhomme Helvetien
EDWIGE, fille de Tell
ROSINE, Confidente d'Edwige
Le Conseil Aulique
Deux Pages d'Adolphe
Troupe d'Helvetiens
Gardes de Grisler

La Scene eft à Altdorf.

PERSONEN

GRISLER, Reichsvogt über Uri und Schwyz
LIENHARD, Geheimer Rat Grislers
WERNER, Freiherr von Attinghausen
ADOLF, Sohn Grislers
TELL, Schweizerischer Edelmann
HEDWIG, Tochter Tells
ROSINE, Vertraute Hedwigs
Der Hofrat
Zwei Boten Adolfs
Truppe von Schweizern
Wächter Grislers

Die Szene spielt in Altdorf.

ACTE I

SCENE I

GRISLER, LEINHARD, WERNER

GRISLER Qui gouverne & connait la faine politique,
          Eleve jufqu'aux cieux fon thrône defpotique,
          C'eft en vain qu'on pretend depouillant fes hauteurs
          Se faire aimer du peuple & regner dans les cœurs.
          On voit evanouir la majefté royale   5
          Lorfque vers fes fujets un prince fe ravale;
          L'empire & la bonté ne peuvent compatir,
          Pour affermir le joug il faut l'appefantir,
          A l'afpect de fon maître il faut qu'un fujet tremble
          Ce refpect retrecit le nœud qui les raffemble;   10
          Qui tient le fceptre en main doit être fier & haut
          Le peuple veut un maître & c'eft ce qu'il lui faut.
          Moi qui fuis revêtu par la main de mon Prince
          Du fouverain pouvoir dans toute ma province
          Je prétends aujourd'hui d'un exemple nouveau   15
          Faire par mes fujets revérer mon chapeau,
          Sur un poteau planté je prétens qu'au paffage
          Le public humblement vienne lui rendre hommage
          Du même honneur que moi ce figne refpecté
          Doit relever l'éclat de mon autorité.   20
          S'il fe trouve quelcun dont la fotte infolence
          Denie à ce trophée une humble reverence
          Il fentira l'effet de mon jufte courroux,
          Grisler étoit toujours de fon honneur jaloux.
          Jadis à Rome en vain le chapeau fut l'emblême   25
          De cette liberté dont je hais le nom même.
          Je prétens aujourd'hui dans un fens oppofé
          De voir devant le mien mon fujet abbaiffé.
          Qu'en penfez-vous Leinhard ?

LEINHARD   Seigneur je vous admire
          Seul digne de tenir les reines d'un Empire   30
          Vous êtes de l'état le plus folide appui;

I. AKT

SZENE 1

GRISLER, LIENHARD, WERNER

GRISLER Wer herrscht und die gesunde Politik versteht,
der hebt ans Himmelszelt seinen unumschränkten Thron.
Umsonst, dass man uns rät, vom hohen Ross zu steigen,
damit das Volk uns liebt und wir sein Herz regieren.
Man sieht die Herrlichkeit der Könige vergehn,   5
wenn sich ein Fürst erniedrigt, dem Untertan sich fügt.
Die Macht und Herzensgüte, die schliessen stets sich aus,
das Joch zu festigen, muss man es schwerer machen.
Beim Anblick seines Herrn erzittern soll der Knecht,
Respekt verknotet stark das Band, das sie vereint.   10
Das Szepter in der Hand verlangt stolz-hohen Sinn,
das Volk will einen Herrn – und das ist's, was es braucht.
Ich, der ich bin belehnt, aus meines Fürsten Hand,
mit unbegrenzter Macht in meinem ganzen Gau,
verfüge, dass noch heut, neuem Gesetz gemäss,   15
all meine Untertanen verehren meinen Hut.
Ihm, der auf einen Pfahl gesteckt ist, soll das Volk,
kommt es an ihm vorbei, Ehrfurcht bezeugen, so,
als stünd' ich selbst vor ihm. Dies Ehrenzeichen soll
mir den Glanz erhöhen meiner hohen Amtsgewalt.   20
Und wenn da einer ist, der dreist und dumm sich weigert,
dies Sinnbild meiner Macht demütig zu begrüssen,
verspüren wird er dann meinen gerechten Zorn.
Grisler liess immer schon kein Aug' von seiner Ehre.
Vergebens galt in Rom der Hut einst als Emblem   25
der Freiheit, deren Name allein schon mich erzürnt.
So will ich heute noch – in umgekehrtem Sinn –
vor meinem Hut geduckt die Untertanen sehn.
Lienhard, was meinet ihr?

LIENHARD   Herr, ich bewund're Euch.
Würdig allein, die Zügel eines Reichs zu halten,   30
seid Ihr des Staates Stütze, sein unbeugsamster Halt.

L'Empereur eſt heureux que vous regnés pour lui.
Grisler le ſeul Grisler ſait nous faire connoître,
A quels divins honneurs peut aſpirer un maître
Lui ſeul nous fait apprendre à quel haut point les Rois,   35
Du diademe altier peuvent pouſſer les droits.
Je penſe comme vous & je ſais que la crainte,
Doit inſpirer au peuple une utile contrainte,
Que d'ailleurs il convient qu'un ſujet non ſuſpect,
Pour ſon maître en tout lieu ſoit rempli de reſpect,   40
J'applaudis donc Seigneur à ce nouvel hommage,
Le peuple obeïra, s'il eſt prudent & ſage;
Il faut en convenir, le tribut de l'honneur
De tous eſt le premier qui revienne au Seigneur,
Mais avant tout il faut, crainte de quelque trouble,   45
Que de votre chateau la garde ſe redouble.

GRISLER Du fidèle Leinhard mon projet eſt goûté,
Sa prudence ſe plait avec ma volonté.
Que Werner parle auſſi.

WERNER   Seigneur en témeraire,
Mais zelé Serviteur, je ſoutiens le contraire.   50
En ce jour permettez que Werner librement
A ſon maître declare auſſi ſon ſentiment.
Je vais pour votre honneur plein d'ardeur & de zèle,
Vous donner un avis moins flateur que fidèle.
Si mon cœur s'ouvre à vous, s'il ne vous cache rien,   55
Puiſſiez-vous voir Seigneur que c'eſt pour votre bien.
La juſtice condamne un projet ſi blamable,
Aux yeux de la prudence il eſt impraticable;
D'une funeſte erreur votre eſprit eblouï
A ſon peuple demande un hommage inouï,   60
De nos Helvetiens les ames elevées
Pour ces indignités ne ſe croiront point nées;
Je ne connois que trop les peuples de ces monts,
Ne vous abuſés point, ce ſont de fiers lions,
Dont les cœurs indomtés dans les chaines gemiſſent,   65
Et contemplant leurs fers ſecretement fremiſſent,
La ſeule liberté pour eux a des appas,

Der Kaiser ist beglückt, dass Ihr für ihn regiert.
Grisler, Grisler allein versteht uns aufzuzeigen,
welch göttliche Verehrung ein Herr erstreben kann.
Nur er macht uns bewusst, zu welchen Höhn ein König 35
das Recht der stolzen Krone ausgreifen lassen kann.
Ich denke ganz wie Ihr und weiss, es muss die Furcht
dem Volk zu seinem Nutzen einimpfen Druck und Zwang.
Auch schickt es sich, dass unverdächt'ge Untertanen
auf Schritt und Tritt Ehrfurcht vor ihrem Herrn erfüllt. 40
Ich heisse gut, mein Herr, die neue Lehenspflicht.
Das Volk, es wird gehorchen, wenn es klug und weise ist.
Ich stimme zu, der Zoll der Ehre ist der erste
von allen Zöllen, auf die ein Herrscher Anspruch hat.
Doch tut vor allem not, aus Furcht vor Meuterei, 45
die Wache Eures Schlosses zu verdoppeln.

GRISLER Der treue Lienhard heisst mein Unterfangen gut,
und seine Klugheit trifft sich ganz mit meinem Willen.
Auch Werner spreche jetzt!

WERNER   Herr, als verwegener,
doch dienstbeflissner Knecht verfechte ich das Gegenteil. 50
An diesem Tag erlaubt, dass Werner, unverblümt,
eröffnet seinem Herrn, auch was er selber denkt.
Ich will, auf Eure Ehre mit Leidenschaft bedacht,
Euch einen Ratschlag geben, nicht schmeichlerisch, doch treu.
Erschliesst sich Euch mein Herz, verheimlicht es Euch nichts, 55
so möchtet, Herr, Ihr sehn: es ist zu Eurem Wohl.
Gerechtigkeit verdammt solch tadelnswerten Plan,
besonnenes Denken weiss, dass er scheitern muss.
Unheilvoll betört irrt Euer Geist, wenn er
von seinem Volk verlangt so beispiellose Ehre. 60
Die Seelen von uns Schweizern, mit hohem Mut begabt,
für solche Schändlichkeiten sehn nie sie sich bestimmt.
Nur allzu gut kenn' ich die Leute dieser Berge.
Dass Ihr Euch nur nicht täuscht: das sind gar wilde Löwen,
deren Herzen, unbezähmt, im Kettenzwang laut stöhnen, 65
und, ihrer Fesseln gewahr, still und geheim erbeben.
Allein die Freiheit hat für sie verlockenden Reiz,

C'eft un bien qu'ils iroient arracher au trepas.
De la foumiffion ils n'ont que l'apparence,
J'ai toujours penétré leur feinte obéïffance,   70
L'Helvetien vaillant vous paroit terraffé;
Il fe relévera fous un joug trop preffé.
De ce rude climat la nation hautaine
Plus d'une fois à fait ceder l'aigle Romaine,
Le Tibre les a vûs avec Brennus vainqueur,   75
Faire trembler jadis Rome & fon dictateur;
Jadis leurs bataillons fur les pas de Bellone,
Ont effrayé Cefar aux rives de la Saone,
Et fans un ftratageme, alors ces fiers Romains
Auroient tous vû tomber ces lauriers de leurs mains;   80
Il eft certain païs ou toute la nature
Ne femble refpirer que la liberté pure,
Où le joug le plus fort à peine eft impofé
Que par le peuple altier il eft d'abord brifé,
De leurs mains vainement la fiere tirannie   85
Arrache cet encens que leur cœur lui denie;
Contre un devoir forcé prêts à fe revolter
Ils quêtent l'heureux jour à pouvoir éclater,
Et fi l'occafion eft trop lente à paroitre
Le defefpoir enfin dans leur cœur la fait naitre.   90
Des fujets opprimés lorfqu'ils n'efperent plus
Au fond de leurs malheurs retrouvent leurs vertus.
Contentés vous Seigneur, que ce peuple héroïque
Porte fi bien le frein de votre politique,
Et que tranquillement labourant fes guerêts   95
Ils ne fremiffent plus au feul nom de fujets;
Affidument déja de leurs fillons dociles
Leur labeur entretient vos chateaux & vos villes;
Du bizarre deffein que vous avez formé
Je me fens en mon cœur, je l'avoue, allarmé.   100
Je crains qu'en afrontant les peuples d'Helvetie,
Vous n'alliez reveiller leur valeur endormie;
Si ces cœurs belliqueux reprennent leurs efprits,
Vous vous repentirez de les avoir aigris.
Gouvernez les en paix ! Cultivez la juftice,   105
Si vous voulez vous même avoir un Dieu propice;

sie ist ein Gut, das sie dem Tode selbst abrängen.
Sie unterwerfen sich – doch tun sie's nur zum Schein –,
ich hab' sie stets durchschaut: ihr Gehorsam ist nur Finte. 70
Euch scheint der tapfre Schweizer am Boden ganz zerstört;
aufraffen wird er sich, drückt ihn ein Joch zu stark.
Aus diesem rauhen Land hat mehr als einmal die
stolze Nation die Adlerzeichen Roms verjagt.
Der Tiber sah sie einst, im Triumph mit Brennus' Heer, 75
das hehre Rom erschüttern und seinen höchsten Herrn.
Ihre Truppen jagten einst, Bellonas Spuren folgend,
Caesar Entsetzen ein am Uferrand der Saône.
Und ohne eine List hätten die stolzen Römer
den Lorbeer dieses Sieges ihrer Hand entfallen sehn. 80
Es ist ein Land, wo die ganze Natur
nichts als unvermischte Freiheit zu atmen scheint,
wo das stärkste Joch, kaum ist es auferlegt,
vom hochgemuten Volk sogleich zerschmettert wird.
Aus ihren Händen reisst die stolze Tyrannei 85
umsonst dies schmeichelnd Lob, das vom Herzen ihr versagt.
Gegen erzwung'ne Pflicht bereit, sich zu empören,
erspüren sie den Tag, da die Revolte glückt.
Zögert die Gelegenheit zu lange, zu erscheinen,
lässt endlich die Verzweiflung sie in ihrem Herz erblüh'n. 90
Verlieren Untertanen die Hoffnung in ihrer Not,
auf dem Grunde ihres Leids finden sie zu sich zurück.
Herr, schickt Euch drein, dass dies heldenmütige Volk
so gut sich in die Fesseln Eurer Staatskunst fügt,
und dass, wenn ruhig sie pflügen ihre kargen Brachen, 95
der Name Knecht allein sie nicht mehr schrecken kann.
Ihr schweres Tagewerk, das willig Furchen zieht,
nährt emsig Eure Schlösser und Eure Städt' dazu.
Der wunderliche Plan, den Ihr entworfen habt,
erfüllt, ich verhehl' es nicht, mein Herz mit grosser Furcht. 100
Fordert Helvetiens Völker Ihr heraus, so werdet Ihr,
befürcht' ich, ihren eingeschlaf'nen Mut aufwecken.
Kommen diese streitbaren Herzen wieder zu sich,
bereuen werdet Ihr, sie gereizt zu haben.
Regiert sie doch in Frieden! Pflegt die Gerechtigkeit, 105
wenn gnädig Euch ein Gott zur Seite stehen soll.

Le ciel toujours ſe plaît à confondre l'orgueil,
D'un trône trop altier il peut faire un cercueil.
Voilà mon ſentiment.

GRISLER   Votre eſprit populaire,
Werner ! En vos conſeils ne peut que me deplaire,   110
Au lieu de ſoutenir la cauſe de l'état,
D'un vil peuple toujours vous êtes l'Avocat;
Mais Grisler au deſſus de vos avis timides
N'a pas pour gouverner beſoin de pareils guides,
(à Leinhard) Leinhard ! Sans différer, à ma noble fierté,   115

Faites offrir l'encens du chapeau reſpecté;
Qu'en un endroit public de diverſe avenuë,
Le poteau ſoit planté, qu'un garde l'ait en vuë,
Qui ſans être apperçû m'avertiſſe en ſecret
Si Grisler même abſent eſt craint de ſon ſujet.   120
(Leinhard s'en va.)

SCENE II

GRISLER, WERNER

WERNER   La prudence, Seigneur ! n'eſt point timidité,
Je prévois ſans trembler que par votre fierté
L'Helvetie aux abois à ce ſanglant outrage,
Va pour vous reſiſter rallumer ſon courage.
Qui de tous ſe fait craindre, auſſi doit craindre tous   125
A ſoi même l'orgueil frappe à la fin ſes coups.
Un trône trop hautain à tout le peuple en bute,
Sous leurs traits reunis eſt proche de ſa chute,
Et d'un pareil éclat l'Empereur en courroux,
Pourroit enfin, Seigneur, ne s'en prendre qu'à vous.   130

GRISLER   Eſt-ce un cœur infidèle, eſt-ce un eſprit bizarre,
Qui fait qu'en mes deſſeins Werner me contrecarre ?
Eſt-il le ſeul flambeau de mon diſcernement ?

Seit je gefällt's dem Himmel, vermess'nen Sinn zu brechen,
aus allzu stolzem Thron kann er machen einen Sarg.
So also denke ich.

GRISLER   Euer volksverbund'ner Geist,
Werner, den Euer Rat beweist, muss mir missfallen!   110
Statt des Staates Sache mit aller Kraft zu stützen,
seid Ihr stets der Anwalt eines gemeinen Volks.
Doch Grisler steht über Eurer Ängstlichkeit,
zum Regieren braucht er solche Ratgeber nicht.
(Zu Lienhard) Lienhard, es gilt kein Säumen! Lasst   115
    meinem Adelsstolz
Weihrauch streuen – durch Verehrung meines Huts.
Auf öffentlichem Platz, der frei zugänglich ist,
werd' der Pfahl gesteckt; ein Wächter behalte ihn
im Aug' und melde mir – selbst unerkannt – geheim,
ob Grisler, weilt er auch fern, einschüchtert seinen Knecht.   120
(Lienhard ab.)

SZENE 2

GRISLER, WERNER

WERNER Die Vorsicht, Herr, ist nie bloss Ängstlichkeit.
Furchtlos seh' ich voraus, dass Euer Stolz im Schweizer,
den diese bittre Schmach schier in Verzweiflung stürzt,
bald neuen Mut entfacht, Euch die Stirn zu bieten.
Wer allen Furcht einjagt, muss auch alle fürchten.   125
Ihn treffen selbst zuletzt die Schläge des Hochmuts.
Ein allzu stolzer Thron, Zielscheibe des ganzen Volks,
ist unter dessen vereinten Pfeilen nah dem Sturz.
Die Schuld an solchem Ausbruch könnte dann der Kaiser,
schwer erzürnt, o Herr, zuletzt noch Euch anlasten.   130

GRISLER Ist es ein treulos Herz, ein sonderbarer Sinn,
der Werner meinen Plänen entgegenwirken lässt?
Kann er allein erleuchten die Entscheidung meines Geists?

Sans ſes avis en tout agis-je imprudemment ?
Lorſque je l'ai placé dans mon conſeil aulique   135
M'en ſuis-je fait un maître abſolu, deſpotique ?
Sans ſes yeux pénétrans ne puis je rien prevoir ?
Envers ſon Gouverneur n'a t il aucun devoir ?
Après tout ma bonté de pardonner ſe laſſe
Et je pourrois punir ſa puniſſable audace.   140
Quoi ſoutenir toujours des rebelles ſujets !
Eſt-ce pour s'acquitter du prix de mes bienfaits ?
Dans un Helvetien que j'aurois du connoître,
Que n'ai-je demelé plutôt ce cœur de traître ?

WERNER Seigneur n'outragés point ma fidèle candeur !   145
D'un franc Helvetien n'attriſtés point le cœur !
Il eſt bien vrai que l'air de ma chere patrie,
Sert de contrepoiſon à toute flaterie;
Dans les palais des grands nous n'avons point appris
Sur l'œil d'un maitre fier à regler nos avis;   150
L'Helvetien eſt né pour dire ce qu'il penſe,
La pure verité de ſa bouche s'avance.
Votre projet, Seigneur, je vous le dis ſans fard,
Ne peut être approuvé que du flateur Leinhard;
C'eſt un orgueil qui ſent la tyrannie ouverte;   155
Si vous y perſiſtez je prevois votre perte;
Vous allés exciter un prompt ſoulevement,
Peut-être touchez vous à ce fatal moment;
Je ne vous cache point que le peuple murmure
Et deteſte le joug de votre prefecture.   160
Je vous ai déja peint les cœurs Helvetiens.

Vraiment la liberté, le plus cher de leurs biens,
Occupe leurs eſprits dès le berceau ſans ceſſe,
Tout ce qui la détruit, les offenſe & les bleſſe
Et pour la recouvrer, ſans ſe donner le mot,   165
Leur aſpect ſeul entr'eux eſt un nouveau complot.
Ne vous expoſés point, Seigneur à la tempête,
Qui gronde ſourdement déja ſur votre tête;
Que votre ambition renonce à ſes projets;
Ne deſeſperés point vos dociles ſujets.   170

Fehlt mir sein Rat, ist ganz unklug mein Handeln dann?
Als ich ihn in meinen Hofrat aufgenommen habe, 135
war ich da ein absoluter Herrscher, ein Despot?
Fehlt mir sein Adlerblick, seh' ich dann nichts voraus?
Obliegt ihm keine Pflicht gegenüber seinem Herrn?
Nach all dem ist mein Herz der Milde überdrüssig,
und ahnden könnte ich sein sträfliches Lästermaul. 140
Was soll es, dass er stets Rebellen unterstützt?
Will er meine guten Taten so vergelten?
Bei einem Schweizer, den ich hätte kennen sollen,
warum hab' ich nicht früher dies Verräterherz durchschaut?

WERNER Beleidigt nicht, o Herr, meine treue Lauterkeit! 145
Macht traurig nicht das Herz eines Schweizers ohne Falsch!
Ja, wahr ist's, dass die Luft meines lieben Heimatlands
dient als Gegengift gegen jede Schmeichelei.
In den Palästen der Grossen haben wir nie gelernt,
nach stolzem Herrscherblick unser Urteil auszurichten. 150
Der Schweizer ist geboren, zu sagen, was er denkt,
die reine Wahrheit spricht aus seinem Mund.
Euren Plan, o Herr, ich sag' es Euch ganz ungeschminkt,
kann nur die Schmeichelzung' Lienhard gutheissen.
Das ist ein Stolz, der riecht nach offener Tyrannei. 155
Beharrt ihr stur darauf, prophezei' ich Euren Fall.
Einen jähen Aufstand droht ihr zu entfachen,
vielleicht ist dies Verhängnis Euch bereits ganz nah.
Ich will Euch nicht verhehlen: das Volk murrt missgelaunt
und verflucht das Joch Eurer Zwangsherrschaft. 160
Ich hab' Euch schon geschildert, wie der Schweizer Herzen
    sind.
Wahr ist's: es füllt die Freiheit, das teuerste ihrer Güter,
stets, von der Wiege an, ihr ganzes Wesen aus.
Was immer diese zerstört, trifft und beleidigt sie.
Sie wiederzuerlangen, verabreden sie sich nicht; 165
ihr Wechselblick schon ist neue Rebellion.
O setzt Euch doch nicht, Herr, dem Sturme aus,
der kaum vernehmlich schon über Eurem Haupte grollt.
Euer Ehrgeiz lasse seine Pläne fahren;
entmutigt doch nicht Eure folgsamen Untertanen. 170

Déja de ce chateau le nouvel edifice,
Et fon fuperbe nom pour eux eft un fupplice;
Au nom du joug d'Uri tout le peuple aux abois
Deplore amérement la perte de fes droits;
On parle du deffein d'aller porter fes plaintes   175
Et d'informer la cour des franchifes enfreintes.
L'Helvetie eft, Seigneur, du faint Empire un corps,
Païs, où l'on ne peut batir de nouveaux forts,
Qui ne doit refpecter ni remparts ni murailles,
Que l'on ne peut charger ni d'impots ni de tailles;   180
Ses habitans en ont les tîtres dans leurs mains,
Munis du fçeau facré des Empereurs Romains.
On prétend implorer le bras du faint Empire,
Pour garantir fon corps, que l'Empereur déchire.
Mais, qu'apperçois-je, ô ciel ! le mal eft déja fait,   185
Leinhard vient triomphant.

GRISLER   Taifez-vous, vil fujet !
    Retirés vous... Leinhard, mon ferviteur fidèle,
    Que vient il m'annoncer ? Quelle heureufe nouvelle ?
    Dans Altorf mon chapeau fe fait-il refpecter ?
    D'un honneur fi marqué puis-je me délecter ?   190

SCENE III

GRISLER, LEINHARD

LEINHARD Votre chapeau, Seigneur ! dans Altdorf fur la place
    Brille aux yeux du public; déja la populace,
    Se foumet humblement à votre volonté
    Des paffans, à mes yeux, chacun l'a refpecté.
    Mais un garde en fecret toujours préfent l'obferve   195
    Et vous fera de tout fon rapport fans referve.

GRISLER Nous voici feuls, Leinhard, & dans ce cabinet,
    De mes intentions apprenez le fecret:
    Werner eft trop fufpect aux deffeins de fon maître,

Schon der Neubau dieses Rittersitzes
und sein stolzer Name ist eine Qual für sie.
Hört es Zwing Uris Namen, so beweint das ganze Volk
verzweifelt und verbittert den Diebstahl seiner Rechte.
Die Absicht wird erwogen, Klage zu erheben   175
und dem Hof zu melden, wie verbrieftes Recht man bricht.
Die Schweiz ist, Herr, ein Teil des Heiligen Römischen Reichs,
ein Land, wo man nicht neue Kastelle bauen kann,
das Wälle nicht, nicht Mauern achten muss,
das man nicht belasten kann mit Steuern, nicht mit Mauten.   180
Seine Bewohner haben die Urkunden in ihren Händen,
versehen mit dem heiligen Siegel der Kaiser Roms.
Man will den Arm anrufen des Heiligen Römischen Reichs,
zu sichern seinen Leib, den der Kaiser zerreisst.
Doch, Himmel, was seh' ich da! Das Unglück ist gescheh'n,
Lienhard kommt im Triumph!

                                                                      185
GRISLER   Schweiget, gemeiner Knecht!
Zieht Euch zurück... Lienhard, mein treuer Diener,
was kommt er mir zu melden? Welch glückliche Neuigkeit?
Erhält in Altdorf mein Hut den schuldigen Respekt?
Darf ich mich laben an einer so trefflichen Ehr'?   190

SZENE 3

GRISLER, LIENHARD

LIENHARD In Altdorf auf dem Platz sticht Euer Hut, o Herr,
dem Publikum ins Aug'; schon unterwirft der Pöbel
sich voller Demut Eurem Wunsch und Willen.
Soweit ich sah, hat jeder Passant ihm Ehr' gezollt.
Doch ein Wächter insgeheim behält ihn stets im Aug'   195
und wird Euch rückhaltlos alles hinterbringen.

GRISLER Wir sind allein, Lienhard! In diesem Kabinett
sollt Ihr meine geheimen Absichten erfahren:
Werner ist zu verdächtig den Plänen seines Herrn,

Son cœur Helvetien me trahiroit peut-être 200
Je fais de bonne part que mes Helvetiens,
Ont depuis quelque temps de fecrets entretiens,
Et que les ennemis de ma jufte regence,
Y tiennent des difcours que dicte l'infolence;
Qu'à leurs yeux je ne fuis qu'un fier ufurpateur 205
D'un pouvoir ignoré même par l'Empereur,
Que renverfant les loix, que foulant la province
Je m'arroge des droits plus que ne fait mon Prince,
Qu'il n'eft plus de moyens de fouffrir mes hauteurs,
Qu'il faut m'exterminer avec tous mes flateurs; 210
Voilà comme aujourd'hui fur mon conte on raifonne
Et parmi mes fujets les titres qu'on me donne;
Mais pour mieux découvrir quels font ces infolens
Je veux aigrir encor leurs efprits mécontens;
Je penfe qu'un rebelle aura bien de la peine 215
De fouffrir du chapeau l'invention hautaine,
Que fans le faluer fans doute il paffera,
Et qu'en fes noirs projets il fe demafquera;
Alors fans balançer j'armerai la juftice,
Et du premier mutin l'effroyable fupplice 220
Rempliffant fes conforts de crainte & de frayeur
D'une fedition rallentira l'ardeur.
Que vous en femblet-il ?

LEINHARD   Vos folides maximes
Montrent de votre efprit les qualités fublimes
Le cœur le moins ouvert n'a rien de fi caché 225
Que votre jugement n'ait d'abord epluché,
Votre fubtilité peut en jettant la fonde
Sans peine pénétrer l'ame la plus profonde.
Cependant permettez que dans ce cabinet,
Je vous faffe, Seigneur, un rapport en fecret: 230
L'intérêt de l'état, le bien de l'Helvetie,
Votre propre falut, Seigneur, tout m'y convie.
Je n'ai qu'un feul fcrupule & crains que l'Empereur
Aux griefs de fes fujets n'ouvre à la fin fon cœur.
Le public parle haut & fans plus fe contraindre 235
On ménaçe qu'en cour de vous on s'ira plaindre;

sein Schweizerherz, vielleicht, würde mich verraten.   200
Ich weiss aus sich'rer Quelle, dass meine Schweizer
sich seit einiger Zeit geheim besprechen,
und dass die Feinde meines gerechten Regiments
dabei Reden führen, geboren aus frechem Geist,
dass in ihren Augen ich nur ein adelsstolzer   205
Räuber sei einer Macht, die selbst der Kaiser nicht kenne,
die Gesetze verkehre, das Land mit Füssen trete,
und so mir Rechte nehme, mehr als mein Fürst dies tut,
und dass mein stolz Gehabe nicht mehr zu ertragen sei,
nein, vertilgen müsse man mich samt meinem Schmeichelchor.   210
So also denkt man heute, schiebt frech die Schuld mir zu,
und solche Häme schleudert auf mich mein Knechtenvolk.
Um besser zu entdecken, wer diese Dreisten sind,
will ich ihre Unzufriedenheit noch stärker reizen.
Ich denke, ein Rebell wird grosse Mühe haben,   215
den Hut, diese stolze Erfindung, zu ertragen.
Ohne Zweifel wird er grusslos an ihm vorübergeh'n
und sich und seine dunklen Ränke so entlarven.
Ungesäumt wird das Recht seinen Lauf dann nehmen.
Die schreckliche Bestrafung des ersten Rädelsführers   220
wird seine Spiessgesellen mit grossem Schreck erfüllen
und eines Aufstands Feuer bald einmal ersticken.
Was haltet Ihr davon?

LIENHARD   Eure festen Grundsätze
zeigen den hohen Wert Eures erlauchten Geists.
Das noch so verschloss'ne Herz hat nichts, das so verborgen,   225
dass Euer Urteil es nicht im Nu durchschaut.
Euer Verstand vermag, auslotend ihren Grund,
in die allertiefste Seele zu dringen ohne Müh'.
Indes, erlaubt mir, dass in diesem Kabinett
ich Euch, Herr, geheimen Bericht erstatte: 230
Das Interesse des Staats, das Wohl des Schweizerlandes,
und Euer eignes Heil, Herr, drängen mich dazu.
Mich plagt nur ein Bedenken: ich fürchte, dass der Kaiser
die Klagen seiner Untertanen noch zuletzt erhört.
Das Volk spricht laut und tut sich keinen Zwang mehr an,   235
man droht, dass man bei Hof sich über Euch beklagen wird.

Il s'attrouppent par-tout des fujets turbulents
Tout le bourg retentit de difcours infolens;
Tell a pouffé fi loin fa factieufe audace,
Jufqu'à vous noircir en me parlant en face.   240
Il faut avec ce peuple ufer de politique
Et voiler à leurs yeux un fceptre défpotique,
Le throne de tout tems eut de gliffans degrés,
Il convient d'y monter à pas bien mefurés;
Lorfqu'on peut y marcher foûtenu par les armes   245
Le chemin en eft plus court & coute moins d'allarmes.
Mais pour y parvenir par le détour des loix
Il faut en avançant s'arrêter bien des fois.
Qui d'une nation veut fe rendre le maître
Doit avoir avant tout le foin de la connoître;   250
Il faut que la prudence en fonde les efprits
Et tache à pénétrer leurs intimes replis.
On peut en des païs agir à force ouverte,
Dans d'autres ce chemin meneroit à la perte.
Dans l'Helvetie il faut que la raifon d'état   255
Livre à la liberté fourdement fon combat.

GRISLER   Ah Leinhard ! aprenez tout le fond du myftére

Et pourquoi je me fais un maître fi fevere.
Je dois faire à ce peuple un pareil traitement
Pour marquer de la Cour le vif reffentiment.   260
Depuis long-têms déja notre gracieux Prince
Vouloit de ce païs fe faire une province,
Il vouloit l'arrachant à l'empire Romain
Faire à ces Helvetiens un plus heureux deftin;
Mais à ce grand bonheur en vain il les appelle   265
Ces malheureux font fourds à fa voix paternelle.

J'ai fes ordres exprès, de les mettre aux abois,
Jufqu'à ce que foumis ils refpectent fes loix.
Ses etendarts font prêts à leur faire la guerre
S'ils ne fe rendent point.

Es rotten sich Hitzköpfe zusammen allenthalben,
der ganze Flecken dröhnt von unverschämten Reden;
Tell hat seinen Meutergeist so weit getrieben,
dass er Euch verleumdet, mir ins Gesicht hinein. 240
Man muss mit diesem Volk mit Geschick und Takt umgehn,
und seinem Aug' verhüllen die unumschränkte Macht.
Die Stufen auf den Thron waren schon stets aalglatt,
ersteigen sollt' man sie mit wohlbemess'nen Schritten.
Kann man den Weg beschreiten, unterstützt von Waffenkraft, 245
wird er stark verkürzt und kostet weniger Angst.
Wählt man aber hin zum Ziel den Umweg der Gesetze,
muss man im Drang nach oben oftmals innehalten.
Wer sich aufschwingen will zum Herrscher eines Volks,
dessen erste Sorge sei, es gründlich zu verstehen. 250
Die kluge Vorsicht muss ergründen, wie sie denken,
und einzudringen suchen in ihr Seelenmark.
Man kann in manchen Ländern offen Gewalt anwenden,
in andern aber führte dieser Weg zum Untergang.
Es muss die Staatsraison in diesem Schweizerland 255
der Freiheit unerbittlich liefern ihren Kampf.

GRISLER Ach, Lienhard! Vernehmt das Geheimnis bis auf den
    Grund,
und auch, weshalb ich als so harter Herr auftrete.
Ich muss dieses Volk so rücksichtslos behandeln,
um den erregten Groll des Hofes zu bekunden. 260
Seit langer Zeit schon wollte unser huldreicher Fürst
aus diesem Lande sich eine Provinz schaffen.
Er wollte sie dem Heiligen Römischen Reich entreissen
und so der Schweiz erwirken ein glücklicheres Geschick.
Doch vergeblich ruft er sie zu diesem grossen Glück, 265
seine väterliche Stimme erreicht diese Unglücksmenschen
    nicht.
Er hat mir streng befohlen, sie mitleidlos zu knechten,
bis sie, unterworfen, seine Gesetze achten.
Seine Truppen sind bereit, im Krieg sie zu bekämpfen,
wenn sie sich nicht ergeben.

LEINHARD   S'il donc prétend la faire,   270
   Ce païs eſt à nous; ſon bras victorieux
   Sans peine domptera tous ces ſéditieux.
   Mais cependant, Seigneur, ſoigneux de notre vie
   De nos Helvetiens évitons la furie,
   Juſqu'à ce qu'en effet nous ayons le ſecours,   275
   Qui contre leurs efforts peut garantir vos jours.
   En attendant, Seigneur, ſoyez un peu moins rude
   De dompter votre eſprit faites vous une étude,
   Juſqu'à ce que la Cour par des renforts puiſſans
   Vous aide à ſubjuguer vos ſujets inſolens.   280
   Qu'une feinte bonté de vos deſſeins l'écorce
   Cache à leurs yeux encor les reſſorts de la force;
   Mais lorſque l'Empereur vous prêtera la main
   A vos reſſentimens vous lacherez le frein.

GRISLER Que Leinhard connoît peu la grandeur ſouveraine   285
   Rien n'eſt plus éloigné de la foibleſſe humaine;
   Le ſceptre dans mes mains ne tremblera jamais,
   C'est un foudre effrayant pour tous ceux que je hais
   De cent mille mutins la troupe forcenée
   Ne pourroit abaiſſer ma haute deſtinée;   290
   Un ſeul de mes regards les rempliroit d'éffroi
   Tout impoſe à mon peuple, & tout eſt maître en moi.

LEINHARD J'en ſuis d'accord, Seigneur, la majeſté royale
   Jette un éclat ſur vous qu'à mes yeux rien n'égale,
   Il ſuffit de vous voir pour être pénétré   295
   Juſqu'au fond de ſon cœur de ce reſpect ſacré,
   Qui releve ſi haut les têtes couronnées,
   Et frappe des ſujets les ames étonnées.
   Le ſouverain pouvoir du Prince des Romains
   N'auroit point pu paſſer en de meilleures mains.   300
   Il convient cependant que la Cour vous ſoûtienne,
   Que votre autorité ſe fonde ſur la ſienne;
   Je ne le ſais que trop, que le peuple oſe tout
   Quand un bras mal armé veut le pouſſer à bout.

LIENHARD   Will er also diesen Krieg,   270
so gehört uns dies Land; sein siegerprobter Arm
wird ohne Müh' all diese Empörer zähmen.
Doch mittlerweile, Herr, besorgt um unser Leben,
wollen wir dem Rasen unsrer Schweizer ausweichen,
bis wir wirklich die Hilfe haben, die gegen ihren   275
kriegerischen Tatendrang Euer Leben sichert.
Inzwischen mildert, Herr, ein wenig Eure Härte,
strengt Euch an, zu zähmen Euren schroffen Sinn,
bis der Hof mit starken Truppen Euch
die frechen Untertanen zu bezwingen hilft.   280
Vorgetäuschte Güte verschleiere Eure Pläne,
verhehl' noch ihren Augen die Mittel Eures Heers.
Wenn aber der Kaiser Euch Hilfe leisten wird,
könnt Ihr Eurem Groll die Zügel schiessen lassen.

GRISLER Lienhard kennt so wenig die schrankenlose Macht!   285
Nichts ist weiter entfernt von der Schwäche der Menschen.
Das Szepter in meiner Hand wird niemals zittern,
es ist ein schrecklicher Blitz für alle, die ich hasse.
Das rasende Heer von hunderttausend Revoluzzern
könnt' mein hochfliegendes Geschick nicht niederzwingen.   290
Ein einziger meiner Blicke würd' sie schon erschrecken.
Alles macht Eindruck auf mein Volk und alles beherrsche ich.

LIENHARD Ich pflicht' Euch bei, o Herr, die Majestät des Königs
wirft einen Glanz auf Euch, den, glaub' ich, nichts erreicht.
Man blickt Euch an und schon ist man tief durchdrungen   295
bis auf den Herzensgrund von diesem heiligen Respekt,
der die gekrönten Häupter in solche Höhen hebt
und die erstaunten Seelen der Untertanen trifft.
Die unumschränkte Macht des Fürsten aus Roms Gnaden
hätt' in bess're Hände nie gelangen können.   300
Indessen sollte der Hof Euch tatkräftig unterstützen
und Eure Autorität sich auf die seine gründen.
Ich weiss nur zu gut: das Volk getraut sich alles,
wenn einer, schlecht bewehrt, bis aufs Blut es reizen will.

GRISLER Laiffons ces foins, Leinhard, un plus preffant encore   305
　　Me caufe des chagrins, dont le feu me dévore,
　　Averti depuis peu, que mon indigne fils
　　Des charmes féduifans d'une fujette épris...
　　Mais le voilà qui vient... Que ma jufte colere
　　Eclatant en ce jour...

SCENE IV

ADOLPHE, GRISLER, LEINHARD

ADOLPHE　　　　　　　　Si mon humble priere   310
　　Seigneur, jamais a fû pénétrer votre cœur,
　　Pour le bien de l'état, pour votre propre honneur
　　Faites que dans Altorf ce chapeau difparoiffe;
　　Il frappe le public d'une morne trifteffe,
　　Et quoique les paffans l'honorent à l'envi,   315
　　Sur leur front je vois peint le plus mortel ennuy;
　　Les fecretes fureurs dont ces grands cœurs s'animent,
　　D'un regard dédaigneux vifiblement s'expriment,
　　De nos Helvetiens le caractere ouvert
　　A mes yeux en ce jour affez s'eft découvert.   320
　　En ôtant leur chapeau pour faluer le votre
　　Des geftes ménaçans, ils s'inftruifent l'un l'autre.
　　Pour votre fureté, n'éxigez plus Seigneur
　　D'un hommage inoui le dangereux honneur.

GRISLER Si pour des infolens Adolphe s'intereffe,   325
　　Nous connoiffons au fond la raifon qui le preffe;
　　Si fon cœur eft emû d'une indigne amitié,
　　C'eft qu'à mes ennemis fon amour l'a lié;
　　J'aurois cru que pour moi plein d'un perpetueux zéle
　　Mon fils mettant à prix ma bonté paternelle,   330
　　Indifférent & froid pour les Helvetiens
　　N'épouferoit jamais d'intérêts que les miens.

GRISLER Lassen wir diese Sorgen, Lienhard; eine andre,   305
    bedrückendere noch, deren Feuer mich verzehrt,
    bekümmert mich; ich weiss seit jüngst, mein unwürdiger
    Sohn liebt eine berückend schöne Untertanin...
    Aber da kommt er ja... Mein gerechter Zorn, der
    noch diesen Tag ausbricht...

SZENE 4

ADOLF, GRISLER, LIENHARD

ADOLF   Wenn meine bescheidene   310
    Bitte, Herr, je in Euer Herz zu dringen wusste,
    zum Wohl des Staats, zu Eurer eignen Ehr,
    veranlasst, dass in Altdorf dieser Hut verschwinde!
    Er schlägt die Leute dort mit düstrer Traurigkeit,
    und ehren die Passanten ihn auch um die Wette,   315
    auf ihrer Stirne blinkt der tödlichste Verdruss.
    Die geheime Wut, die diese grossen Herzen
    beseelt, verrät sichtbar ihr verächtlicher Blick,
    der offene Charakter unsres Schweizervolks
    hat heut vor meinen Augen sich genug enthüllt.   320
    Lüften sie ihren Hut, um Euren zu begrüssen
    mit drohenden Gebärden, besprechen sie sich stumm.
    Zu Eurer Sicherheit verlangt nicht länger, Herr,
    die riskante Ehre unerhörter Huldigung.

GRISLER Setzt Adolf sich für Unverschämte ein,   325
    kennen wir nur zu gut den Grund, der ihn dazu drängt.
    Wenn eine nichtswürdige Freundschaft sein Herz aufwühlt,
    so hat mit meinen Feinden seine Liebe ihn verknüpft.
    Ich hätte geglaubt, mein Sohn, von unaufhörlichem Eifer
    für mich erfüllt, würde meine väterliche   330
    Güte schätzen, und, gleichgültig-kühl den Schweizern
    gegenüber, stets nur für meinen Vorteil fechten.

Adolphe Que je fuis malheureux ! Que mon fort eft à plaindre,
    Zéle trop enflammé que ne puis-je l'éteindre !
    Mais enfin puis-je voir d'un œil indifférent   335
    Mon pere menacé d'un danger auffi grand;
    A la fédition, dont la trame s'apprête,
    Puis-je voir s'expofer une auffi chere tête,
    Sans donner de l'effor à l'amour filial
    Et parer, s'il fe peut, un coup auffi fatal ?   340
    Sur ce danger, Seigneur, je ne fçaurois me taire
    Duffai-je m'attirer toute votre colere
    Mais de grace épargnez un fils refpectueux,
    Qu'un tendre amour pour vous fait paroître à vos yeux.
    Point d'autre liaifon...

Grisler   Eft-ce ainfi qu'on me joue   345
    Pour pallier des nœuds que mon rang defavoue.
    Ton pere te défend de paroître à fes yeux
    Si te rendant indigne du nom de tes ayeux
    Si fouillant tout l'éclat de ta haute nobleffe
    Tu ne choifis pas mieux l'objet de ta tendreffe,   350
    Et fi j'aprends encor...

Adolphe   Seigneur ! votre bonté...

Grisler Point de raifonnement, tai toi fils éffronté !
    Retire toi !

SCENE V

Grisler, Leinhard

Grisler   Leinhard ! pour mon cœur quel fupplice !
    De voir, qu'Adolphe ainfi par l'amour s'aviliffe.

Leinhard Quel peut être Seigneur, cet attrayant objet ?   355

ADOLF Wie unglücklich ich bin! Wie kläglich ist mein Los!
Zu sehr lodert mein Eifer, als dass ich ihn löschen könnt'!
Doch kann ich schliesslich mit gleichgültigem Auge sehn, 335
wie meinen Vater eine so grosse Gefahr bedroht?
Kann einem Aufstand ich, dessen Fäden schon man spinnt,
ein mir so teures Haupt sich aussetzen sehn,
ohne auf den Schwingen kindlich-treuer Liebe
einen so tödlichen Streich, wenn möglich, abzuwenden? 340
Über diese Gefahr, Herr, könnte ich nicht schweigen,
und müsste ich mir Euren ganzen Zorn zuziehen.
Doch Gnade! Schont einen ehrerbietigen Sohn!
Zärtliche Liebe für Euch zwingt ihn vor Eure Augen.
Kein andres Band verknüpft...

GRISLER So also narrt man mich, 345
um Bande zu verschleiern, die mein hoher Rang verdammt.
Dein Vater verbietet dir, vor ihn hinzutreten,
wenn deines Ahnennamens du unwürdig dich erweist,
wenn im Wissen um all den Glanz deiner hohen Geburt
du das Wesen, das du liebst, nicht besser wählst. 350
Wenn ich noch einmal höre...

ADOLF O Herr, Eure Güte...

GRISLER Keine Widerrede! Schweig, unverschämter Sohn!
Zieh dich zurück!

SZENE 5

GRISLER, LIENHARD

GRISLER   Lienhard! Welche Marter für mein Herz,
zu sehen, wie Adolf sich aus Liebe so erniedrigt.

LIENHARD Wer kann's nur sein, o Herr, dies entzückende Geschöpf? 355

GRISLER Je n'en ſçais pas le nom, mais fille d'un ſujet.
        Ciel ! quelle honte ! Il faut... mais non ! Que Leinhard brigue,
        Pour decouvrir le nœud de cette infame intrigue.

LEINHARD Seigneur ! je vous promets, qu'avant la fin du jour
        Vous connoîtrez à fond ce déteſtable amour.   360
        Mais le garde revient.

SCENE VI

GRISLER, LEINHARD, UN GARDE

LE GARDE   J'étois en ſentinelle,
        Obſervant de mon mieux en ſerviteur fidele
        Si quelqu'un dans le bourg devant votre poteau
        Paſſoit ou repaſſoit ſans ôter ſon chapeau.
        Tout le public, Seigneur, lui fait ſa révérance,   365
        Chacun ſe fait honneur de ſon obéiſſance;
        Des allans, des venans un ſeul hardi mortel
        A mépriſé votre ordre; & c'eſt Guillaume Tell.

GRISLER Cours, vole ſur le champ, ordonne qu'on l'enchaine,
        Et ſoudain priſonnier au chateau qu'on l'amene;   370
        Je vais ſans differer punir cet inſolent.

LE GARDE Pour vos ordres, Seigneur, je ne ſuis jamais lent.

SCENE VII

GRISLER, LEINHARD

GRISLER Je l'ai prévu, Leinhard, que le cœur d'un rebelle
        Ne pourroit pas dompter ſon ardeur criminelle,
        Juſqu'à ſe captiver & rendre l'honneur dû   375
        Au chapeau, que mon bourg revère ſuſpendu.

GRISLER Ihren Namen kenn' ich nicht, doch eines Untertanen
   Tochter ist sie. O Schande! Man muss... doch nein! Lienhard
   trachte, das Knäuel dieser infamen Liebschaft zu entwirren.

LIENHARD Herr, ich verspreche Euch, noch eh' der Tag zu Ende,
   kennt Ihr diese ekle Liebe bis auf den Grund.   360
   Doch da kommt der Wächter zurück.

SZENE 6

GRISLER, LIENHARD, EIN WÄCHTER

DER WÄCHTER   Ich stand auf meinem Posten,
   und spähte, so gut es ging, als treuer Diener,
   ob einer im Flecken vor Eurem Pfahl einmal vorbeiging
   oder wieder vorbeiging, ohne den Hut zu lüften.
   Das ganze Volk, Herr, erweist ihm Reverenz,   365
   aus seinem Gehorsam macht jeder sich eine Ehre.
   Sie kamen und gingen; nur ein Sterblicher hat
   frech Eurem Befehl getrotzt; und das ist Wilhelm Tell.

GRISLER Eil, fliege auf der Stelle, gib Order, ihn zu fesseln,
   und ihn gefangen gleich hierher auf die Burg zu bringen.   370
   Ich will ohne Verzug diesen Heissporn strafen.

DER WÄCHTER Geht's um Eure Befehle, trödelt nie mein Fuss.

SZENE 7

GRISLER, LIENHARD

GRISLER Ich hab's vorausgesehen, Lienhard: nie kann das Herz
   eines Rebellen seine verwerfliche Glut ersticken,
   bis es in Ketten liegt und dem aufgehängten Hut,   375
   den mein Flecken verehrt, die schuldige Ehr' erweist.

Tell, qui depuis long-tems en ſon ame mutine
Dans ma juſte regence à me gêner s'obſtine,
L'a chargé d'un affront...

LEINHARD   C'est un ſéditieux,
    C'est Tell, je vous l'ai dit...

GRISLER   Je deviens furieux   380
    Leinhard, quand ſeulement à cet affront je penſe,
    Ai-je aſſez de bourreaux pour venger cette offenſe !
    Cet affreux criminel a-t-il aſſez de ſang ?
    Et la nature a-t-elle un aſſez vif tourment,
    Pour expier ce crime ! Enfin je tiens le traitre,   385
    Dont l'eſprit factieux oſe inſulter ſon maître;
    Mes ordres ſont donnés, on l'amene céans
    Pour le punir ſans grace & ſans perdre de tems.

Tell, der lange schon mit umstürzlerischer Seele
starrsinnig mich behelligt, so gerecht ich auch regiere,
hat ihn schwer beleidigt...

LIENHARD   Das ist ein Aufrührer,
das ist Tell, ich warnte Euch...

GRISLER   Ich gerate in Zorn,   380
Lienhard, nur schon, wenn ich an diese Kränkung denke!
Hab' ich genügend Henker, diese Schmach zu rächen?
Hat dieser Erzverbrecher zum Sühnen genügend Blut?
Und verfügt die Natur über genügend Folterqualen,
diesen Frevel zu büssen? Endlich hab' ich den Verräter,   385
dessen Verschwörergeist seinen Herrn zu kränken wagt.
Meinem Befehl gemäss führe man ihn hierher,
ihn ohne Säumen und gnadenlos zu strafen!

ACTE II

SCENE I

ADOLPHE (feul derriere le chateau au bout d'une allée de fapins)
 Funefte aveuglement ! faut il que la naiffance
 Diftingue les humains de cette différence,   390
 Qui du plus chafte amour fi fouvent eft l'écueil,
 Quel demon nous fouffla cet exécrable orgueil !
 Pour la fille de Tell mon cœur épris foupire,
 Elle vaut à mes yeux elle feule un empire,
 Mais par un trifte fort, victime de mon rang   395
 Je vis fans efperance & detéfte mon fang;
 Je ne puis qu'abhorrer la fierté de mon pere,
 Adolphe n'ofe offrir fa main à fa bergere !
 Ah ! que ce nœud pour moi feroit un fort bien doux,
 Pere trop rigoureux ! Je fuccombe à vos coups.   400
 Je fens, je fens déja qu'à ce mal fans remede
 Dans mon fein accablé le deféfpoir fuccede,
 Mes yeux feront couverts de la nuit du tombeau,
 A moins qu'hymen pour moi n'allume fon flambeau.
 Mais quoi ! faut-il enfin que l'auteur de ma vie   405
 Exerce fans pitié fur moi fa tirannie ?
 A-t-il droit de bannir de mon cœur eperdu
 Et la beauté d'Edwige & toute fa vertu ?
 De cette cruauté rendons les forces vaines,
 Cherchons un confident pour foulager nos peines   410
 Voici Werner qui vient... Je connois fon grand cœur
 Qu'il m'aide à fupporter le faix de mon malheur.

SCENE II

WERNER, ADOLPHE

WERNER Que faites vous, Seigneur, en ce lieu folitaire ?

II. AKT

SZENE 1

ADOLF (allein hinter der Burg am Ende einer Tannenallee)
Unheilvolle Verblendung! Muss das sein, dass die Geburt
die Menschen scheidet nach diesem Unterschied,   390
der die reinste Liebe so oft zerschellen lässt?
Welcher Dämon blies uns diesen abscheulichen Stolz ein?
Mein verliebtes Herz sehnt sich nach der Tochter Tells,
in meinen Augen wiegt sie, sie allein ein Königreich auf.
Aber ein trauriges Los lässt als Opfer meines Stands   395
mich ohne Hoffnung leben und mein Blut verwünschen.
Ich kann den Hochmut meines Vaters nur tief verachten!
Adolf wagt nicht, seine Hand seiner Schäferin anzutragen.
Wie wäre diese Ehe für mich ein köstliches Los,
ach, allzu strenger Vater! Mich vernichten Eure Schläge!   400
Ich fühle schon, wie auf dies unheilbare Übel
in meiner bedrückten Brust die schiere Verzweiflung folgt.
Die Nacht des Grabes wird mein Augenlicht verhüllen,
wofern für mich nicht Hymen seine Fackel entflammt.
Doch nein! Muss denn schliesslich der Schöpfer meines Lebens   405
mitleidlos mit seiner Tyrannei mich quälen?
Hat er das Recht, aus meinem fassungslosen Herzen
Hedwigs Schönheit zu bannen und all ihre Sittsamkeit?
Die Mächte dieser Grausamkeit will ich entzaubern
und einen Vertrauten suchen, mein Leid zu lindern.   410
Da kommt Werner... Ich kenne sein grossmütiges Herz;
möge er mir helfen, mein schweres Kreuz zu tragen!

SZENE 2

WERNER, ADOLF

WERNER Was tut Ihr, Herr, hier an diesem einsamen Ort?

ADOLPHE Werner ignore-t-il la rigueur de mon pere ?
       De mon fort malheureux pour me plaindre à mon gré   415
       Ma tristesse a choisi cet endroit retiré.

WERNER Grisler a, je le sais, l'ame fiere & hautaine
       Mais pour son propre fils seroit-elle inhumaine ?
       J'ai cru que son orgueil ne frapoit de ses traits
       Que les Helvetiens qui sont de ses sujets.   420
       Puis-je aprendre, Seigneur, quel ennui vous bourelle,
       Dans vos yeux je vois peinte une douleur mortelle.

ADOLPHE Cher ami ! de tout têms en vous j'ai réconnu
       Un cœur sincérement ami de la vertu.
       De mes chagrins soyez le seul dépositaire,   425
       Vous me voyez épris d'une aimable bergere,
       Dont les graces, l'esprit, la vertu, la beauté
       Ont banni de mon cœur l'insensibilité.
       Vous savez, qu'autrefois mes plus grandes delices
       Etoient de suivre un daim par mille precipices,   430
       Donner la chasse au cerf, au sanglier dans nos monts
       Et faire de mon cor raisonner les vallons.
       Mais un jour dans ces bois, au bord d'une fontaine
       Je vis une beauté, mais beauté plus qu'humaine;
       Puissai-je en vous traçant son portrait enchanteur,   435
       Un peu de mes ennuys adoucir la rigueur !
       Sa taille avantageuse & son port de Princesse
       Sur l'Olympe auroit fait une grande Déesse;
       Ses roses & ses lys sont au premier printêms,
       Des yeux noirs bien fendus, gracieux mais perçans,   440
       Un nez des mieux formés, une bouche vermeille,
       Un tout enfin charmant en font une merveille.
       Mais d'avoir tant d'attraits elle ne le sait pas,
       Sa modestie enchante autant que ses appas.
       La grace, la douceur, peintes sur son visage,   445
       Semblent en refusant, demander notre hommage.
       Je lui dis tout épris à ce charmant aspect
       Madame, d'un chasseur agréez le respect;
       L'amour dans vos beautés étale tous ses charmes,
       Quel cœur fier & mutin ne vous rendroit les armes,   450

ADOLF Kennt denn Werner nicht die Strenge meines Vaters?
Um ungehemmt zu klagen über mein widriges Geschick,   415
hat meine Traurigkeit diesen öden Platz gewählt.

WERNER Grisler hat eine stolze und hochfahrende Seele,
doch beim eignen Sohn wär' sie ganz unmenschlich?
Ich glaubte, sein Hochmut träfe mit seinen Pfeilen
allein die Schweizer, die seine Untertanen sind.   420
Darf ich vernehmen, Herr, was für ein Verdruss Euch quält?
In Euren Augen seh' ich einen tödlichen Schmerz gemalt.

ADOLF Mein teurer Freund! Schon stets hab' ich in Euch ein Herz
erkannt, das der Tugend ehrlich seine Liebe schenkt.
Euch allein vertraue ich meine Sorgen an: 425
Ihr seht mich verliebt in eine holde Schäferin,
deren Reize, Geist, Tugend und strahlende Schönheit
aus meinem Herzen die Kälte ausgetrieben haben.
Ihr wisst, es war früher mein grösstes Vergnügen,
ein Wild zu verfolgen über tausend Schluchten hin,   430
Hirsch und Keiler zu jagen in unseren Bergen
und mit dem Echo meines Horns die Täler zu durchtönen.
Doch eines Tags erblickte ich in diesen Wäldern,
nah einer Quelle, eine übermenschlich schöne Frau.
Könnte ich doch, Euch ihr Zauberbild entwerfend,   435
ein wenig mildern die Härte meiner Qualen!
Ihr anmutsvoller Wuchs und ihr Gang einer Prinzessin
hätten sie auf dem Olymp zu einer grossen Göttin gemacht.
Ihre Rosen und ihre Lilien stehn im ersten Lenz,
dunkle Mandelaugen, hold und doch durchdringend,   440
eine wohlgeformte Nase, ein tiefroter Mund,
kurz, ein berückendes Ganzes machen aus ihr ein Wunder.
Doch ihrer vielen Reize ist sie sich nicht bewusst,
ihre Bescheidenheit entzückt nicht weniger als ihr Charme.
Ihr liebreizender Zauber, auf ihr Gesicht gemalt,   445
scheint, indem er ihn ausschlägt, Beifall von uns zu heischen.
Ich sagte ihr, ganz verliebt in dieses Wunderbild:
«Madame, nehmt gütig an die Huldigung eines Jägers!
In Euren Reizen zeigt die Lieb' all ihren Zauber.
Welches Rebellenherz streckte nicht vor Euch die Waffen?   450

Ofe-t-on demander, fans être audacieux,
Quel fujet vous amene en ces fauvages lieux ?
« Seigneur, m'a-t-elle dit, je fuis une bergere,
« Qui pais dans ces cantons les brebis de mon pere,
« A la fille de Tell vous faites trop d'honneur,   455
« Edwige doit en vous refpecter fon Seigneur,
« De mon état prefent je connois la baffeffe
« Ce compliment flatteur & trop pompeux me bleffe.
A ces mots s'éloignant d'un pas précipité,
Sa beauté me ravit toute ma liberté   460
Dès lors plus d'une fois ma tendreffe affidue
De cet aimable objet m'a menagé la vue,
Plus je la frequentois, plus j'étois éperdu,
Ses attraits féduifans, mais furtout fa vertu
Tous les jours à mes yeux prenoient un nouveau luftre,   465
Tous les jours mon amour devenoit plus illuftre,
De mon fidel amour enfin mille fermens
La firent avec moi partager fes tourmens,
Mais mon deftin jaloux à mon repos contraire
Par la voix du public en inftruifit mon pere,   470
Qui dans de vifs tranfports d'un terrible courroux
M'interdit à jamais un commerce fi doux.
Werner ! en cet état j'ai befoin d'un bon guide,
Qui foit fage & prudent, mais rien moins que timide,
Je connois à mon pere un efprit fi hautain,   475
Que contre mes amours je crains un coup de main.
Quel parti prendre, ami ?

WERNER   L'affaire eft épineufe:
D'un pere vous choquez l'humeur ambitieufe;
Si vous pouviez Seigneur, par un effort fenfé
Arracher ce vif trait de votre cœur bleffé,   480
Et paffer de l'oubli l'éponge fur ces charmes

Vous vous épargneriez des foucis, des allarmes.

ADOLPHE O Ciel ! défendez moi plutôt de voir le jour,
Que de rompre les nœuds de mon fidel amour;
Oui, fi mon fein mortel renfermoit mille vies   485

Ist die Frage erlaubt, ohne zudringlich zu sein,
was für ein Anlass Euch in diese Wildnis führt?»
«Herr», sagte sie zu mir, «ich bin eine Schäferin,
die in diesen Gründen des Vaters Schafe weidet.
Der Tochter Tells erweist Ihr allzu grosse Ehre,   455
Hedwig muss doch in Euch ihren Herrn hochachten.
Ich kenn' die Niedrigkeit meines jetzigen Standes,
dieses zu hochtrabende Schmeichellob verletzt mich.»
Bei diesen Worten lief sie überstürzt davon.
Ihre Schönheit raubte mir meine ganze Freiheit.   460
Seitdem hat meine beharrliche Liebe mir
schon oft den Anblick dieses holden Geschöpfs verschafft.
Je öfter wir uns trafen, desto mehr wuchs meine Liebe,
ihre lockenden Reize, doch besonders ihre Tugend,
gewannen in meinen Augen täglich neuen Glanz,   465
und täglich strahlte meine Liebe heller.
Tausend Schwüre meiner treuen Liebe brachten
endlich sie dazu, ihre Qualen mit mir zu teilen.
Doch mein neidisches Geschick, Feind meiner Seelenruhe,
trug dies durch des Volkes Stimme meinem Vater zu,   470
der, in der Aufwallung eines schrecklichen Zorns,
einen so lieben Umgang mir für immer verbot.
Werner! In dieser Lage brauche ich einen guten
Führer, der klug und weise und unerschrocken ist.
Ich kenn' an meinem Vater solch einen stolzen Sinn,   475
dass gegen meine Liebe ich einen Handstreich fürchte.
Wie soll ich mich entscheiden, Freund?

WERNER   Der Fall ist heikel:
Ihr verstösst gegen den Ehrgeiz eines Vaters.
Könntet, Herr, Ihr durch eine Anstrengung der Vernunft
diesen scharfen Pfeil Eurem verletzten Herz entreissen   480
und mit dem Schwamm des Vergessens diesen Zauberreiz
    auswischen,
Ihr würdet Euch Sorgen und Schrecken ersparen.

ADOLF Verbietet eher mir, das Licht des Tags zu sehen,
als dass ich den treuen Bund meiner Liebe bräche.
Ja, schlösse mein sterbliches Herz tausend Leben ein,   485

Avec moi de douleur je les verrois ravies;
N'en parlons plus...

WERNER Seigneur !

ADOLPHE   Ami, tel eſt mon ſort.
        Ah ! que dans ce moment je prefere la mort.
        Puiſſe le ciel ardent d'un tonnant coup de foudre
        Bruler Adolphe vif & le réduire en poudre,   490
        Si jamais de ſa main il viole la foi
        Et ſi d'un autre hymen il reconnoît la loi.

WERNER Je n'irriterai plus votre playe incurable
        Je connois du deſtin le coup inévitable,
        Jouiſſez, jouiſſez de vos tendres amours,   495
        Et ſoyez aſſuré, Seigneur, de mon ſecours.
        Il faut ſauver Edwige & qu'une fuite prompte
        L'enleve à ſa mort ou du moins à ſa honte.
        Chez Arnold mon ami dans un chateau voiſin
        Edwige pourra faire un ſejour clandeſtin;   500
        Juſqu'à ce que Grisler un peu ſe radouciſſe
        Et que de ſon courroux le feu ſe rallentiſſe;
        Peut-être que ſon cœur par le tems combattu
        A la fin cedera le calme à la vertu.
        Allez donc diſpoſer votre chere maitreſſe   505
        A prendre ce parti, hatez vous, le tems preſſe.

ADOLPHE Ah ! qu'un ami prudent eſt d'un puiſſant ſecours
        Je vous devrai, Werner, Edwige & mes beaux jours;
        Adoptant ce parti je cours pour l'en inſtruire,
        Mais puiſſe ſa pudeur ſans ſcrupule y ſouſcrire.   510
        (Adolphe s'en va.)

SCENE III

WERNER (ſeul) Edwige a ſcû charmer le fils du Gouverneur.
        Cet amour me remplit d'un eſpoir bien flatteur.

mit mir sähe ich sie vor Schmerzen ausgelöscht.
Sprechen wir nicht mehr davon...

WERNER Herr!

ADOLF   Freund, so steht's um mich!
Ach, wie ich mir in diesem Augenblick den Tod doch wünschte!
Der glühende Himmel verbrenne mit krachendem Blitz
Adolf lebendigen Leibs und zermalme ihn zu Staub,   490
wenn je mit seiner Hand die Treue er verletzt
und einer andern Hochzeit Satzung anerkennt.

WERNER Nicht weiter will ich Eure unheilbare Wunde
reizen. Ich kenn' des Schicksals unausweichlichen Schlag.
Geniesst, ja geniesst Eure zarte Liebe,   495
und glaubt: Meine Hilfe, Herr, ist Euch gewiss,
Hedwig muss man retten und in eiliger Flucht
ihrem Tod entreissen oder doch ihrer Schmach.
Bei Arnold, meinem Freund, in einer Nachbarburg
kann Hedwig heimlich sich geraume Zeit aufhalten,   500
bis Grisler ein wenig sich besänftigt,
und sein feuriger Zorn weniger heftig lodert.
Vielleicht wird sein Herz, von der Zeit bezwungen,
der Tugend am Ende ihren Frieden gönnen.
Doch los! So eilt, Eure Liebste zu bewegen,   505
sich so zu entscheiden, denn es ist höchste Zeit.

ADOLF O wie ist ein kluger Freund eine mächtige Hilfe!
Euch, Werner, werd' ich Hedwig und mein Glück verdanken.
Einig mit diesem Entschluss, eil' ich zu ihr als Bote.
Mög' ohne Skrupel sich die Reine darin fügen!   510
(Adolf ab.)

SZENE 3

WERNER (allein) Hedwig wusste den Sohn des Vogtes zu bezaubern.
Diese Liebe erfüllt mich mit betörender Hoffnung.

Puiſſe le tendre Adolphe à nos deſſeins utile,
Rendre Grisler moins dur, ou ſon joug plus fragile !
Edwige adroitement menageant ſon eſprit,   515
Peut de notre parti renforcer le credit.
L'amour eſt tout puiſſant, ſa douce violence
Pouſſe un cœur enflammé plus loin que l'on ne penſe.
Mais nos Helvetiens tardent bien de venir,
Je brule du deſir de les entretenir.   520
Qelle joïe en leur cœur vais-je aujourd'hui repandre
De notre hermite ſaint que ne vont ils entendre ?
Dans cet ecrit ſacré crayonné de ſa main
Il dit, qu'il eſt permis qu'on briſe un joug d'airain.
Quand un ſceptre uſurpé... Mais Tell vers moi s'avance   525
De la dignité même il a la contenance,
Quel air ! quel port !

SCENE IV

Tell, Werner

Tell   Werner eſt le premier de tous,
        Qui pour la liberté ſe trouve au rendez-vous.
        Je n'en ſuis point ſurpris, je connois ſa grande ame
        Ce noble empreſſement & cette belle flame;   530
        Qui le porte & le pouſſe à ſoutenir ſes droits
        Lorſqu'il voit un tiran fouler aux pieds les loix.

Werner Vaillant Helvetien ! dont le cœur magnanime
        Ne flechira jamais ſous le joug qui l'opprime
        En qui d'un ſort obſcur le nuage odieux   535
        Ne peut point offuſquer la gloire des ayeux;
        Si j'ai pris ſur vos pas en ces lieux les avances
        C'eſt que notre bonheur paſſe nos eſperances,
        Et que mon cœur emû n'a point pu differer
        Le plaiſir ſans égal de vous en aſſurer.   540
        Mais où ſont tous nos chefs ?

Möge der zarte Adolf, nützlich unsern Plänen,
Gesslers Härte lindern oder sein Joch schwächen!
Hedwig kann, geschickt mit Schonung ihn behandelnd, 515
so unsere Partei einflussreicher machen.
Die Liebe ist allmächtig, ihre sanfte Gewalt
stösst ein entflammtes Herz weiter, als man denkt.
Doch unsre Schweizer lassen auf sich warten.
Ich brenne vor Verlangen, mit ihnen zu reden. 520
Welche Freude stift' ich noch heut in ihren Herzen!
Von unserm heiligen Klausner, was werden sie nicht hören!
In diesem geweihten Schreiben, verfasst von seiner Hand,
sagt er, es sei erlaubt, ein ehern Joch zu brechen,
wenn angemasste Macht... Doch da nähert sich mir Tell. 525
Nichts weniger als Würde zeichnet seine Haltung aus,
was für ein Blick! Welche Gestalt!

SZENE 4

TELL, WERNER

TELL   Werner ist der erste
    von allen, den die Freiheit zu diesem Treffpunkt führt.
    Das überrascht mich nicht, ich kenn' seinen hohen Mut,
    diesen edlen Eifer und diese Leidenschaft, 530
    die ihn bewegt und drängt, zu kämpfen für sein Recht,
    wenn er einen Tyrannen das Gesetz verhöhnen sieht.

WERNER Unerschrockner Schweizer, dessen hochgesinntes Herz
    nie sich unter das Joch der Knechtschaft beugen wird!
    Die verhasste Wolke eines finsteren Geschicks 535
    kann den Ruhm seiner Ahnen nie und nimmer trüben.
    Ich bin vor Euch an dieser Stätte eingetroffen,
    weil unser Glück unsere Hoffnungen übertrifft,
    und mein erregtes Herz die Wonne ohnegleichen
    nicht aufschieben konnte, Euch dessen zu versichern. 540
    Doch wo sind all unsre Führer?

TELL   D'abord ils vont paroître
         Quel eft ce doux efpoir qu'en mon fein je fens naître ?

WERNER Vous favez, qu'en ces lieux un hermite facré
         Difpofe des efprits & des cœurs à fon gré,
         Et que la fainteté de fes mœurs, de fa vie   545
         S'eft attiré l'encens de toute l'Helvetie.
         Beniffons notre fort ! ce faint homme aujourd'hui
         Devient par fes avis notre plus ferme appui.
         Tell, lifez cet écrit, voyez comme il s'explique,
         Comme il caracterife un regne tyrannique,   550
         Et quand il dit enfin qu'un païs aux abois
         Peut renverfer un throne & retablir les loix.

TELL (après avoir lû le Billet le baife.)
         Oracle toujours fûr, dont la voix entenduë
         N'a d'aucun double fens la fineffe ambiguë
         Et dont le divin fon penetre tout un cœur,   555
         Sans induire l'efprit dans cette affreufe erreur
         Dont jadis les demons pallians leurs oracles
         Seduifoient les mortels par tant de faux miracles.
         Saint homme ! je t'entends, je fens la liberté
         Redoubler fon ardeur dans mon fein agité.   560
         Efperons des fuccès fous de fi faints aufpices,
         Déja mon cœur d'avance en goute les premices,
         Je vois, je vois déja le tiran dethroné
         Pleurer amerement fon orgueil forcené.
         Cher ami ! cet écrit, dont nous ferons lecture   565
         A nos Helvetiens, m'anime & me raffure;
         Et nos braves amis quoique fi belliqueux
         Seront auffi charmés de fe voir vertueux.
         Dans nos juftes deffeins leurs ames affermies
         D'une divine ardeur fe fentiront faifies.   570
         Mais je les vois venir... Sous cet ombrage frais
         Avec eux librement arrangeons nos hauts faits !
         Que chacun d'entre nous fur fes idées s'ouvre,
         Que chacun d'entre nous fans crainte fe découvre
         Nous fommes à l'écart...

TELL   Gleich werden sie erscheinen!
Welch süsse Hoffnung ist's, die ich in mir keimen fühle?

WERNER Ihr wisst, in dieser Gegend lenkt ein heiliger Klausner
die Seelen und die Herzen, ganz, wie er es will;
sein heiligmässiger Lebenswandel hat ihm   545
das hohe Lob von allen Schweizern eingetragen.
Gepriesen sei unser Los! Dieser heilige Mann
wird heut durch seinen Rat unsere stärkste Hilfe.
Tell, lest dieses Schreiben, seht, wie es offen spricht,
wie's zu Tyrannenmacht ganz deutlich Stellung nimmt,   550
und wie es schliesslich sagt, dass ein verzweifeltes Land
einen Thron stürzen und seine Rechte erneuern darf.

TELL (küsst das Schriftstück, nachdem er es gelesen hat.)
Stets wahres Orakel, dessen kluge Stimme
keinen zweideutigen Hintersinn listig verbirgt
und dessen göttlicher Klang ein Herz ganz durchdringt,   555
ohne den Geist zu locken in diesen schrecklichen Irrtum,
dessen Dämonen, ihre Orakel verschleiernd, einst
durch Scheinwunder ohne Zahl die Sterblichen verführten.
Heiliger Mann! Ich hör' dich, ich merke, wie die Freiheit
in meiner erregten Brust ihre Glut verdoppelt.   560
Hoffen wir auf Gelingen unter so heiligem Schutz!
Es kostet mein Herz schon jetzt davon die ersten Früchte.
Ich sehe schon, ich sehe den Tyrannen entthront
und bitterlich beweinen seinen rasenden Stolz.
Lieber Freund! Dies Schreiben, das wir unsern Schweizern   565
vorlesen werden, gibt mir Mut und Sicherheit,
und unsre wackren Freunde, obwohl so kriegerisch,
wird es auch entzücken, sich tugendhaft zu sehn.
In unsern gerechten Plänen gestärkt, werden von
göttlicher Glut ihre Seelen sich ergriffen fühlen.   570
Doch ich seh' sie kommen... In diesem kühlen Hain
lasst uns frei mit ihnen unser Wagnis planen!
Dass ein jeder von uns seine Gedanken öffne,
dass ein jeder von uns furchtlos sein Herz enthülle!
Wir sind unter uns...

SCENE V

WERNER, TELL, TROUPE D'HELVETIENS

TELL   Avancés chers amis !   575
   A qui notre falut par le fort eft commis,
   Venés vaillans guerriers ! le ciel qui nous raffemble
   Veut que notre tiran tantôt fous nos coups tremble,
   Ecoutés les leçons de notre hermite faint
   Aprenés les devoirs, aux quels il nous aftreint !   580
   Cet oracle infaillible aujourd'hui nous excite
   A fa divine voix le crime feul hefite.
   Sur nos vaftes deffeins Werner l'a confulté
   Voici le refultat qu'il en a rapporté.

WERNER (lit l'ecrit de St. Nicolas.)
   « Quand le berceau nous donne un Prince legitime   585
      Son pouvoir n'eft point limité;
   « Quand il nous paroit dur, quand fa main nous opprime
      C'eft celle du ciel irrité.
   « A nos yeux eplorés Sa Majefté facrée
      Doit conferver ce même éclat;   590
   « Et d'anges gardiens fa perfonne entourée
      Nous defend de troubler l'état;
   « Mais d'un fceptre ufurpé l'injufte violence
      Quand elle accable des fujets,
   « Quand leurs biens & leur vie en proye à fa puiffance   595
      N'entretiennent que fes forfaits
   « Par le peuple foulé, d'un droit que Dieu lui donne
      Ce fceptre doit être brifé;
   « Oui d'un tiran le ciel abandonne le throne
      Et permet qu'il foit renverfé.   600

TELL Helvetiens amis, qu'un même fort opprime
   Qu'un même efpoir conduit, qu'un même efprit anime !
   Vous avez entendu l'oracle de nos jours,
   Et que le ciel enfin nous promet fon fecours.
   Vos grands cœurs jufqu'ici ne craignoient que le crime;   605

SZENE 5

WERNER, TELL, EINE SCHAR SCHWEIZER

TELL   Kommt näher, liebe Freunde!   575
    Ihr, denen unser Heil vom Schicksal anvertraut,
    kommt, tapfre Krieger! Der Himmel, der uns hier versammelt,
    will unseren Tyrannen durch uns bald zittern sehn.
    Hört Euch die Lehren unseres heiligen Klausners an
    und vernehmt die Pflichten, die er uns auferlegt.   580
    Dieser unfehlbare Spruch spornt uns heute an.
    Ruft seine göttliche Stimme, zaudert allein der Frevel.
    Zu unsren hohen Plänen hat Werner ihn befragt.
    Hier das Ergebnis, das er uns heimgebracht:

WERNER (liest das Schreiben des Heiligen Niklaus vor.)
    «Wenn die Heimat uns einen rechtmässigen Fürsten schenkt,   585
        ist seine Macht uneingeschränkt;
    wenn er uns hart erscheint, wenn seine Hand uns knechtet,
        dann straft der erzürnte Himmel.
    Ihre Heilige Majestät soll in unsern – verweinten – Augen
        stets denselben Glanz bewahren.   590
    Seine Person, von Schutzengeln rings umgeben,
        verbietet uns, den Staat herauszufordern.
    Doch wenn die ungerechte Gewalt angemasster Macht
        Untertanen zu Boden drückt,
    wenn ihre Güter und ihr Leben, seiner Willkür ausgesetzt,   595
        nur seine Schandtaten nähren,
    so muss nach einem Recht, das Gott ihm gibt, das Volk
        das Joch dieser Macht zerbrechen.
    Ja, der Himmel lässt den Thron eines Tyrannen im Stich
        und gestattet seinen Sturz.»   600

TELL Schweizer, Freunde, die ein gleiches Schicksal unterdrückt,
    gleiche Hoffnung leitet, ein gleicher Geist beseelt!
    Ihr habt das Orakel unsrer Tage vernommen,
    und dass der Himmel endlich uns seine Hilfe verspricht.
    Eure grossen Herzen scheuten bis jetzt vor nichts zurück –   605

Mais puifqu'à nos fouhaits le ciel même s'exprime
Frapons nos coups, amis ! au tiran, courons fus,
Que des fcrupules vains ne nous arrêtent plus.
N'écoutons plus la voix de cette incertitude;
Effaïons donc ce coup glorieux, quoique rude;   610
Quoi, de nos oppreffeurs les malheureux jouets
Du monde ferons nous les derniers des fujets ?
Mais moins que des fujets ferons-nous des efclaves ?
Enchantés de trainer nos pefantes entraves;
Nos vies & nos biens, nos femmes, nos enfans   615
Seront-ils à jamais en proye à nos tyrans ?
Sans que la liberté d'une ardeur heroique
Nous anime à brifer un fceptre tyrannique;
Et n'oferat-on plus en ce païs domté
Prononcer feulement le mot de liberté ?   620
Sans que nos gouverneurs ne dechainent leur rage
En tigres alterés de fang & de carnage ?
Faut-il que ce païs ne voye en fes chateaux
Pour des juges de paix que brigands & bourreaux ?
Confiderez ces monts, dont la hauteur immenfe   625
Des remparts les plus forts ravale l'arrogance;
C'eft-là, braves; c'eft-là, dans de fi hauts climats
Que la liberté vient raffembler fes états !
Livrons à fon inftinct & nos cœurs & nos ames,
Achevons le tiffu de nos heureufes flames;   630
Notre fort malheureux ira de mal en pis
Si de la liberté nous ignorons le prix.
De notre gouverneur l'orgueil infupportable
Par des mepris nouveaux tous les jours nous accable.
Nous voyons aujourd'hui fon chapeau fufpendu   635
Il pretend qu'au paffage honneur lui foit rendu.
Quel homme vain jamais le fut à telle outrance ?
Quel Roi de l'univers fit voir tant d'infolence ?
Allons & renverfons ce trophée odieux,
Le plaifir de Grisler, la douleur de ces lieux.   640
Abaiffant ce chapeau relevant l'Helvetie
Ou vivans ou mourans fecourons la Patrie.
Qui brave les perils, qui ne craint point la mort
Eft feul heureux, feul libre, feul maitre de fon fort.

ausser vor dem Verbrechen; aber da sogar der Himmel
unsere Wünsche billigt, schlagen wir zu, Freunde,
greifen wir den Tyrannen an! Schluss mit eitlem Zögern!
Hören wir nicht mehr auf diese Zauderstimme!
Wagen wir also diesen glorreichen, doch harten Kampf! 610
Wie? Als elende Spielbälle unsrer Peiniger
werden wir auf der Welt die letzten Untertanen,
nein, minderwertiger noch, werden wir Sklaven sein,
die voll Begeisterung ihre schweren Ketten schleppen?
Unsre Leben, unsre Güter, unsre Frauen, unsre Kinder, 615
werden sie für immer wehrlos unsern Tyrannen
ausgeliefert sein, ohne dass die Freiheit in uns den Wunsch
entfacht, heldenmütig das Szepter der Tyrannei zu brechen?
Wird man es in diesem gezähmten Land nicht mehr wagen,
das Wort «Freiheit» auch nur auszusprechen, ohne dass 620
unsere Vögte nicht ihre Wut entfesseln,
wie Tiger, die nach Blut und Kadaver lechzen?
Muss dieses Land in seinen Burgen allein Henker
und Strassenräuber als Friedensrichter sehen?
Betrachtet diese Berge, deren Riesenhöhe 625
die Anmassung der stärksten Bollwerke demütigt!
Dort, tapfre Krieger, dort in dieser so hohen Welt
versammelt die Freiheit ihre Stände!
Widmen wir uns mit Herz und Seele ihrem Drang,
halten wir unsre Fähnlein fest zusammen! 630
Unser Unglück wird sich noch verschlimmern,
wenn wir den Wert der Freiheit nicht begreifen.
Der unerträgliche Hochmut unseres Vogts
demütigt uns täglich mit neuen Kränkungen.
Wir sehen heute seinen aufgesteckten Hut, dem er 635
von jedem, der vorübergeht, Ehre erwiesen wünscht.
Welcher Mensch war je so über alle Massen stolz?
Welcher König dieser Welt zeigte sich so unverschämt?
Auf! Stürzen wir dieses verhasste Siegeszeichen,
Grislers Belustigung, die Drangsal dieses Landes! 640
Nieder mit dem Hut! Hoch das Land der Schweizer!
Helfen wir dem Vaterland, lebendig oder tot!
Wer den Gefahren trotzt, wer den Tod nicht fürchtet,
allein der ist glücklich, frei und Herr seines Geschicks.

Un Helvetien Soutien de notre efpoir, appui de la juftice !   645
    A nos juftes deffeins le ciel paroit propice;
    Tout le peuple eft pour nous; courons brifer nos fers
    Avancés vaillant chef ! montrez nous les dangers.

Tell Dans ce moment je viens d'affronter cet idole,
    Le chapeau de Grisler, dont l'orgueil nous defole;   650
    Par un mepris public j'ai bravé le tiran;
    Si Tell meurt aujourd'hui, freres, vengez mon fang.

Un autre Helvetien Ami ! ne craignons rien; quoi ? ton fang
        eft le notre
    Nos perils font communs, nous foutiendrons l'un l'autre
    Et nos bras reunis auront de force affés   655
    Pour accabler Grisler fous fes murs terraffés.

Werner Votre courroux me plait, & fon beau feu me charme
    Mais avant que partout nous repandions l'allarme
    Il faut que j'aille encor avertir des amis
    Que dans nos interêts la jufte caufe a mis;   660
    En attendant reftés en bonne contenance.

Un Helvetien Notre fort eft remis à votre vigilance;
    Et quand nous ferions tous parmi le peuple epars
    Faites nous un clin d'œil; nous volons au hazard.

SCENE VI

Tell (feul) Execrable chateau ! fiege d'une regence   665
    Qui ne fait eclater que par fon infolence;
    J'abhorre le poifon de ton air infecté;
    Séjour empuanté d'un chapeau refpecté,
    Fais de mes fiers dédains une riche recolte,
    Mon œil plein de mepris à te voir fe revolte;   670
    Au lieu de m'infpirer du regard, du refpect
    Je fremis dans mon cœur de ton honteux afpect.

EIN SCHWEIZER Du Stütze unsrer Hoffnung, Hort der Gerechtigkeit!   645
   Unsern gerechten Plänen scheint der Himmel geneigt.
   Das ganze Volk ist für uns; eilen wir, unsre Ketten
   zu zerbrechen! Kommt, tapfrer Führer! Sprecht von den
   Gefahren!

TELL Ich habe soeben diesem Götzen kühn die Stirn geboten,
   dem Hute Grislers, dessen Hochmut uns untröstlich macht;   650
   durch offne Missachtung trotzte ich dem Tyrannen.
   Wenn Tell heute stirbt, rächt, Brüder, mein Blut!

EIN ANDERER SCHWEIZER Freund! Fürchten wir nichts! Dein Blut
   ist das unsrige,
   die Gefahr verbindet uns, einer hilft dem andern,
   und mit vereinten Kräften werden wir stark genug sein,   655
   Grisler unter den Trümmern seiner Mauern zu zermalmen.

WERNER Euer Grimm gefällt mir, sein Feuereifer erfreut mich.
   Doch eh' wir überall den Waffenruf verbreiten,
   muss ich mich noch aufmachen, um Freunde zu warnen,
   die die gerechte Sache mit uns verbunden hat.   660
   Inzwischen bleibt tapfer und lasst euch nicht beirren!

EIN SCHWEIZER Unser Schicksal ist Eurer Wachsamkeit anvertraut.
   Und wenn wir uns alle dann unter die Leute verteilt haben,
   gebt uns ein Augenzeichen; wir stürzen uns ins Wagnis!

SZENE 6

TELL (allein) Verhasste Burg, Sitz einer Herrschaft,   665
   die nur zu glänzen weiss durch ihre Dreistigkeit!
   Ich verabscheue das Gift deiner verseuchten Luft.
   Du Stätte, verpestet durch die Ehrung eines Huts,
   ernte reichlich meinen stolzen Hohn, denn
   voll Verachtung empört sich mein Auge, dich anzusehn.   670
   Statt mir Ehrerbietung und Achtung einzuflössen,
   jagt dein schändlicher Anblick meinem Herzen Schauder ein.

O vous, monts fourcilleux ! nos fidèles barrieres
Renverfés nos fommets, epuifés vos carrieres !
Abbatés, foudroyés le chateau de Grisler !   675
Precipités fes tours au profond de l'enfer !
Et vous, Helvetiens ! allumés dans vos ames
De l'indignation les plus brulantes flames,
D'un fer libérateur armés foudain vos bras,
Et frapés le tiran même au fein du trépas.   680
D'une infigne ambition allés guerriers fublimes,
Extirpant fon auteur faire ceffer les crimes !
A fon infame orgueil, moi même le premier,
J'irai malgré la mort arracher fon laurier.
Je n'aurai plus de fang à couler dans mes veines,   685
Si de mon cœur outré les menaçes font vaines;
Et la derniere goute en fortant de mon flanc
Aura la même ardeur à honnir le tiran.
Mais quelcun vient ici... Ciel c'eft Grisler lui-même
Je le connois de loin; ah ! quel bonheur fuprême   690
Qu'il ne nous ait furpris... Otons nous de ces lieux.

SCENE VII

Grisler, Leinhard, Gardes

Grisler Goutons ici le frais, du foleil radieux
Les rayons les plus vifs meurent dans cet ombrage
La fraiche obfcurité... Que vois-je ! un perfonnage
Qui s'enfuit devant nous pour regagner les champs;   695
Vous, gardes ! faififfez-le & l'amenez céans.
Leinhard ! courez auffi.

O ihr gestrengen Berge, unsre treuen Schranken,
stürzt unsre Gipfel um, erschöpft eure Steinbrüche,
reisst nieder und zermalmt Grislers Ritterburg! 675
Schleudert ihre Türme in den tiefsten Grund der Hölle!
Und ihr, Schweizer, lasst in euren Seelen die
heissesten Flammen der Entrüstung hell auflodern!
Wappnet eure Arme gleich mit dem Schwert der Freiheit
und trefft den Tyrannen, und sei's im Griff des Todes! 680
Geht, stolze Krieger, setzt, ausrottend ihren Schöpfer,
den Verbrechen schlimmen Ehrgeizes ein Ende!
Seinem niederträchtigen Stolz will ich als erster,
und droht mir auch der Tod, den Lorbeerkranz entreissen.
Kein Tropfen soll künftig in meinen Adern fliessen, 685
wenn mein empörtes Herz nur leere Drohungen ausstösst.
Und noch der letzte Tropfen, wenn er meinen Leib verlässt,
wird nicht minder lechzen, den Tyrannen zu verabscheuen.
Doch da kommt jemand... Es ist Grisler – er selbst.
Ich erkenne ihn von weitem; o welch ein grosses Glück, 690
dass er uns nicht ertappt hat... Ziehen wir uns zurück!

SZENE 7

GRISLER, LIENHARD, WACHEN

GRISLER Kosten wir hier die Kühle! Die feurigsten Strahlen
der leuchtenden Sonne sterben in diesem Schatten!
Das erfrischende Dunkel... Was seh' ich da? Einen Kerl,
der vor uns flieht, um aufs freie Feld zu kommen! 695
Ihr, Wachen, ergreift ihn und bringt ihn her!
Lienhard, eilt auch Ihr!

SCENE VIII

GRISLER, LEINHARD, GARDES, TELL

LEINHARD   Le ciel qui pour vous veille
  Seigneur, vient d'opérer une grande merveille;
  Dans votre augufte main il vient d'enfermer Tell
  Et nous vous amenons cet affreux criminel.   700

GRISLER Sujet impertinent ! mon chapeau venerable
  Etoit-il à ce point à tes yeux méprifable ?
  Que tu n'as pas daigné lui rendre fon honneur
  Quoi ! Tell craint-il fi peu d'offenfer fon Seigneur.

TELL Qui gouverne un païs en doit être le pere;   705
  Le mechant du bon prince en cela feul differe
  Que fon fécond orgueil par fes inventions
  Ajoute au poids du joug mille vexations;
  Un fujet à fes yeux n'eft qu'une créature
  Que pour la fervitude a produit la nature,   710
  Et que la main de Dieu n'a tiré du néant
  Que pour vivre opprimé & fervir fon tiran.
  Mais un Roi vertueux n'exerce fon empire
  Que pour maintenir l'ordre, & la paix, qu'il refpire
  Dans fon cœur paternel il n'a point d'autre but   715
  Que d'avancer en tout du peuple le falut.
  Il regne fans hauteur & defcend fans baffeffe
  Du throne vers fon peuple; il l'aime, il le careffe.
  Vous qui reprefentez en ce païs le Roi !
  De royales vertus fuivez auffi la loi !   720
  Soyez dont bienfaifant, genereux, équitable,
  Aux yeux de vos fujets vous ferez adorable.
  Mais, Seigneur ! que veut dire un faftueux poteau
  Où vous avez fait faire attacher un chapeau ?
  Pretendant fierement, que d'un honneur frivole   725
  Chaque paffant en faffe une efpece d'idole
  Je ne difconviens point, que mon cœur genereux
  N'ait frémi de voir faire un pas auffi honteux.

SZENE 8

GRISLER, LIENHARD, WACHEN, TELL

LIENHARD   Der Himmel, der Euch schützt,
hat soeben, Herr, ein grosses Wunder gewirkt.
In Eure erhabne Hand hat er Tell gegeben,
und wir bringen Euch diesen furchtbaren Verbrecher her.   700

GRISLER Unverschämter Untertan! Mein verehrenswerter Hut
war in deinen Augen dermassen verächtlich,
dass du nicht geruhtest, ihn nach Gebühr zu achten?
Scheut sich Tell so wenig, seinen Herrn zu beleidigen?

TELL Wer ein Land regiert, der muss sein Vater sein.   705
Nur darin unterscheidet sich der böse vom guten Fürsten,
dass sein findiger Stolz nach seinen Launen
den Druck des Jochs mit tausend Martern steigert.
In seinen Augen ist ein Untertan nichts als eine
Kreatur, von der Natur zur Sklaverei geboren,   710
allein zu diesem Zweck von Gottes Hand geschaffen,
unterdrückt zu leben und seinem Herrn zu dienen.
Ein edler König aber übt seine Herrschaft aus,
nur um Ordnung und Frieden zu wahren, die er verkörpert.
In seinem väterlichen Herzen hat er kein andres Ziel,   715
als stets und überall das Wohl des Volks zu fördern.
Er herrscht ohne Hochmut und erniedrigt sich nicht,
steigt er vom Thron herab zum Volk, das er zärtlich liebt.
Ihr, die Ihr in diesem Land des Königs Stell' einnehmt,
folgt auch dem Gesetz der Tugenden eines Königs!   720
Seid doch wohltätig, grossmütig und gerecht,
und Eure Untertanen werden Euch anbeten.
Doch, Herr, was soll ein prangender Pfahl bedeuten,
auf dem Ihr einen Hut habt befestigen lassen,
der stolz verlangt, dass jeder, der vorüberkommt, aus ihm   725
durch lästerliche Huldigung eine Art von Götzen macht?
Ich will gar nicht leugnen, dass mein edles Herz
bebte, als es solch ein schändliches Treiben sah.

Je fuis Helvetien & ne rend point hommage
Au tirannique orgueil qui m'offenfe & m'outrage.   730
Plein de refpect pour vous, fidèle à l'Empereur
Humble autant qu'il le faut, mais jamais vil flateur;
Mon cœur a meprifé dès ma tendre jeuneffe
D'un metier fi honteux l'infamante baffeffe;
Dès le berçeau j'aimai la guerre & les hauts faits;   735
Bien de vos ennemis font tombé fous mes traits;
Seigneur ! quand de mon arc ma flêche je decoche
Le but en eft frappé qu'il foit loin, qu'il foit proche.
Demandés ces exploits, & Tell en bon foldat
Saura toujours fervir fon Seigneur & l'état.   740
Mais ne traités jamais un Helvetien brave
Comme l'on peut traiter un miferable efclave.

GRISLER   Raifonneur malheureux ! infenfé que dis-tu ?
Sais tu qu'en ce païs je fuis maitre abfolu ?
Qui te rends fi hardi ? Quelle fureur t'anime ?   745
Tu meprifes mes loix & me vantes ton crime.
A t'entendre on diroit que c'eft être trop vain
Que de faire valoir les droits du fouverain.
T'egarant encor plus, ta liberté mutine
Même fur mes devoirs m'inftruit & m'endoctrine.   750
Mais je veux ftatuer un exemple aujourd'hui
Que Grisler fait punir qui fe moque de lui.
Holà Gardes, holà... Que chargé de fa chaine
Ce rebelle à mes yeux en prifon l'on entraine;
Je vais dans mon confeil prononcer fon arrêt   755
Pour l'execution que l'on fe tienne prêt.

TELL   Seigneur ! je pars joïeux & plein de confiance;
La main du Tout-puiffant foutiendra l'innocence.
Vous pouvez bien charger de tous ces fers mes bras
Mais de domter mon cœur, vous ne le pouvez pas.   760
Le peuple genereux que nourrit l'Helvetie,
Souple fous l'equité, fier fous la tirannie

Ne peut être enfermé qùe dans les plus hauts monts
Ce n'est qu'au Créateur à former leur prifon.

Ich bin Schweizer und nie erweise ich die Ehre
dem Tyrannenstolz, der mich beleidigt und verletzt.   730
Voller Respekt für Euch, dem Kaiser treu ergeben,
demütig soweit nötig, doch nie gemeiner Schmeichler,
hat seit zarter Jugend mein Herz die entehrende
Gemeinheit solch eines schimpflichen Tuns verachtet.
Von der Wiege an liebte ich Krieg und Heldentaten: 735
viele Eurer Feinde erlagen meinen Pfeilen!
Herr, wenn ich von meinem Bogen meinen Pfeil abschiesse,
so wird das Ziel getroffen, ob es fern ist oder nah.
Verlangt nur solche Taten und Tell, als guter Soldat,
wird stets seinem Herrn und dem Staat zu dienen wissen,   740
aber behandelt nie einen wackeren Schweizer,
wie man einen elenden Sklaven behandeln kann.

GRISLER Unseliger Klugschwatzer! Was sagst du da verblendet?
Weisst du, dass ich in diesem Land der absolute Herrscher bin?
Was macht dich so tollkühn? Welch Rasen gibt dir Mut?   745
Du brichst meine Gesetze und rühmst mir dein Verbrechen.
Deinen Worten nach könnte man glauben, es sei
vermessen, die Rechte des Herrschers durchzusetzen.
Noch schlimmer verirrst du dich: dein aufwieglerischer Trotz
belehrt und unterweist mich gar in meinen Pflichten.   750
Aber ich will heute ein Exempel statuieren:
Grisler weiss zu strafen die, die ihn verlachen!
He, Wachen, he... Man lege diesen Rebellen
in Ketten und schleppe ihn gleich ins Gefängnis!
In meinem vögtlichen Rat will ich das Urteil fällen;   755
für seine Vollstreckung halte man sich bereit!

TELL Herr, ich geh' frohen Sinns und voller Zuversicht!
Die Hand des Allmächtigen wird der Unschuld helfen.
Ihr könnt meine Arme mit all diesen Ketten fesseln,
aber mein Herz bezähmen, das könnt ihr nicht.   760
Das edle Volk, das unser Schweizerland ernährt, das
fügsam, wenn es gerecht, wild, wenn es despotisch regiert
    wird,
kann nur in den höchsten Bergen eingesperrt werden,
und nur dem Schöpfer steht es zu, ihren Kerker zu bauen.

Grisler Gardes ! qu'attendez vous ? Redoutez ma colere,   765
    Agiſſez, ou craignez un chatiment ſevere !

SCENE IX

Grisler, Leinhard

Grisler Que dites-vous, Leinhard ! de cet audacieux ?
    Vous avez entendu ſes diſcours odieux.
    Peut-on pouſſer plus loin des ſentimens rebelles ?
    Il convient d'étouffer ces vives étincelles   770
    D'où peut ſortir le feu d'une ſedition;
    Prevenons promptement notre perdition.
    Tell a d'un front ſerein dans ſon audace extrême
    Oſé prôner ſon crime & me reprendre même.
    Pour punir ce forfait, Grisler auroit-il tort   775
    Si d'un pareil rebelle il ordonnoit la mort ?

Leinhard Tell a commis, Seigneur, un crime impardonnable
    De n'avoir pas ſuivi votre ordre reſpectable;
    Mais ce même ſujet va paroitre à vos yeux
    Quand vous entendrez tout, encor plus odieux.   780
    Savez vous que ce Tell eſt le pere d'Edwige
    Cette jeune beauté...

Grisler   Pour qui mon fils m'afflige ?
    Quoi, ce feroit ici, d'Adolphe, de mon fils
    Le beau pere futur ? Jeune homme mal appris !
    C'eſt donc dans ce vil ſang que tu voudrois eteindre   785
    De tes ayeux l'éclat ? Ai-je tort de m'en plaindre ?
    Souiller mes deſcendans par la race de Tell !
    Ciel ! eloigne de nous cet opprobre eternel !
    Je ſavois bien qu'Adolphe aimoit une bergere
    Et ſon choix inegal allumoit ma colere,   790
    Mais je ne ſavois pas que l'amour l'eut uni
    A ce ſéditieux qui doit être puni.

GRISLER Wachen! Worauf wartet ihr? Fürchtet meinen Zorn,   765
　　　greift ein oder gewärtigt eine strenge Züchtigung!

SZENE 9

GRISLER, LIENHARD

GRISLER Was sagt Ihr, Lienhard, von diesem dreisten Kerl?
　　　Seine widerwärtigen Reden habt Ihr gehört.
　　　Kann dieser Rebellengeist noch überboten werden?
　　　Ratsam ist's, diese flinken Funken zu ersticken,   770
　　　woraus das Feuer eines Aufruhrs entstehen kann.
　　　Kommen wir rasch unserem Untergang zuvor!
　　　Tell hat mit heitrer Miene äusserst unverfroren
　　　sein Verbrechen zu rühmen, mich gar zu tadeln gewagt.
　　　Hätte Grisler nicht recht, wenn er, zur Sühne dieses Frevels,   775
　　　solch einen Rebellen zum Tod verurteilte?

LIENHARD Nicht zu verzeihen ist, Herr, das Verbrechen Tells,
　　　Euren achtbaren Befehl nicht befolgt zu haben.
　　　Aber eben dieser Mann wird Euren Augen
　　　noch viel verhasster scheinen, wenn Ihr alles hört.   780
　　　Wisst Ihr, dass dieser Tell der Vater Hedwigs ist?
　　　Diese junge Schönheit...

GRISLER   Wegen der mein Sohn mich quält?
　　　Was? Dieser hier wäre Adolfs, meines Sohnes
　　　künftiger Schwiegervater? Ungezog'ner Flegel!
　　　In diesem gemeinen Blut also wolltest du den Glanz   785
　　　deiner Ahnen auslöschen? Hab' ich nicht Grund zum Klagen?
　　　Wie? Tells Brut soll meine Nachkommen besudeln?
　　　Himmel, halte diesen ewigen Schandfleck von uns fern!
　　　Ich wusste wohl, dass Adolf eine Schäferin liebt,
　　　und seine ungleiche Wahl entflammte meinen Zorn,   790
　　　aber ich wusste nicht, dass ihn die Liebe mit
　　　diesem strafwürdigen Rebellen verbunden hat.

Leinhard faifons punir & le pere & la fille;
Vengeons du même coup l'état & ma famille.

Leinhard La chaumiere de Tell par un double attentat   795
    Affronte, il eft certain, votre fang & l'état.
    Tout fon crime eft au jour; cependant les coupables
    Pour en être punis, paroiffent redoutables.
    Tell a parmi le peuple un folide foutien,
    Paffant pour homme riche & pour homme de bien,   800
    Et de fa fille auffi la beauté, la jeuneffe,
    Exercent tous les jours leur force enchantereffe.
    De tout ordre elle fait nombre d'adorateurs,
    A fon premier afpect elle gagne les cœurs;
    Du pere l'action paffe pour magnanime   805
    Des charmes de la fille on ne fait point un crime.
    Il ne faut donc punir que par des coups fecrets
    Ce qu'aux yeux du public paffe pour de hauts faits.
    Dictés au criminel une legere peine,
    Pour ne point avouer fa conduite hautaine,   810
    Mais que fecretement le fer ou le poifon
    Et d'Edwige & de Tell faffe enfin raifon.

Grisler De vos confeils, Leinhard ! j'admire la prudence,
    Quelque fois il convient de fauver l'apparence,
    Mais la raifon d'état me dit que le plus fort   815
    En ce qu'il entreprend, ne peut point avoir tort.
    Aujourd'hui donc je vais pour mon bras defpotique
    Venger publiquement une offenfe publique,
    Sans craindre les efforts de mon peuple mutin,
    C'eft moi qui tiens en main leur vie & leur deftin.   820

Leinhard Ah ! Seigneur ! il me vient une heureufe penfée
    Qui dans le cas prefent vous paroitra fenfée
    Vous pouvez aujourd'hui fans paffer pour cruel
    Vous défaire d'Edwige, & vous venger de Tell:
    Ne vous fouvient-il pas comme avec arrogance   825
    De l'art de tirer jufte il vantait la fcience;
    Ordonnez que fa fille à deux cens pas de lui
    Au chateau foit en but à fon arc aujourd'hui

Lienhard, den Vater und die Tochter ereile unsre Strafe!
Lasst uns auf einen Schlag Staat und Familie rächen!

LIENHARD Tells strohbedecktes Haus greift ohne Zweifel 795
mit doppeltem Anschlag Euer Blut an und den Staat.
Sein Verbrechen liegt klar zu Tag; die Schuldigen
indes sind, wie es scheint, straft man sie, zu fürchten.
Denn es hat Tell im Volk einen sicheren Halt,
er gilt als reicher und grundanständiger Mann, 800
und auch die Schönheit und die Jugend seiner Tochter
üben alle Tage ihre Zauberwirkung aus.
Aus jedem Stande zieht sie zahlreiche Verehrer an,
schon ihr erstes Erscheinen gewinnt die Herzen aller.
Der Kampf des Vaters gilt beim Volk als edelmütig, 805
der Zauber seiner Tochter steht über jedem Verdacht.
Nur mit heimlichen Streichen soll man also strafen,
was die Meinung des Volks als Heldentat betrachtet.
Verhängt über den Schurken nur eine leichte Strafe,
um sein stolzes Gebaren ja nicht aufzuwerten, 810
doch still und leise soll das Schwert oder das Gift
sich an Tell und Hedwig endlich rächen.

GRISLER Die Klugheit Eures Rats, Lienhard, bewund're ich.
Manchmal ist es ratsam, den Schein des Rechts zu wahren,
allein, die Staatsraison sagt mir, dass der Stärkste 815
in dem, was er unternimmt, nicht unrecht haben kann.
Heute also will ich, zur Sicherung meiner Macht,
eine öffentliche Kränkung öffentlich rächen,
ohne den Einspruch meines Rebellenvolks zu fürchten.
In meinen Händen liegt ihr Leben und ihr Schicksal. 820

LIENHARD Da kommt mir, Herr, ein glücklicher Gedanke,
der, in diesem Fall, Euch vernünftig scheinen wird.
Ihr könnt noch heute, ohne als grausam zu gelten,
Euch Hedwigs entledigen und Euch an Tell rächen.
Erinnert Ihr Euch nicht, mit welcher Anmassung 825
er Kunst und Können rühmte, genau ins Ziel zu schiessen?
Befehlt, dass seine Tochter heute auf der Burg,
auf zweihundert Schritt, das Ziel seines Bogens sei,

Jufqu'à ce qu'il abbatte enfin en habile homme
D'un coup bien ajufté, de fa fille une pomme.   830
Seigneur ! fans contredit, de crainte & de frayeur
Tell malgré tout fon art fera mauvais tireur.
Vous punirez de mort fans l'avoir deftinée.
Peut être ils finiront tous deux leur deftinée,
D'une flêche à fa fille il va percer le cœur   835
Et d'avoir fait le coup il mourra de douleur.

GRISLER Leinhard ! de votre efprit le plus fécond du monde
        J'admire la jufteffe, en bon fens il abonde;
        J'embrafe volontiers votre avis non pareil,
        Pour venger mon honneur. Affemblés mon confeil   840
        Je vais fans balancer condamner le coupable,
        Periffent les objets de ma haine implacable,
        Allez & de ma part ordonnez à mes gens
        Pour entendre l'arrêt, qu'on fe rende céans.

SCENE X

GRISLER, LEINHARD, WERNER, LE CONSEIL AULIQUE

GRISLER Vous qu'un ufage ancien améne en ma prefence   845
        Pour être les temoins de ma haute regence,
        Et favoir les premiers mes juftes volontés,
        Mais non pour la guider d'un avis effronté,
        Aprenez qu'au fujet du plus affreux rebelle
        Mon confeil en ce lieu je raffemble & j'appelle.   850
        Tell, qui depuis long-tems m'eft un homme fufpect
        Ofe même en public me manquer de refpect;
        Son forfait eft connu, mais fa peine legere
        Fera voir que je fuis moins juge que bon pere.
        Donc à fa fille Edwige il abbattra d'un trait   855
        De la tête une pomme; & voilà mon arrêt;
        S'il ne l'attrape point, qu'il lui coute la vie
        De m'avoir en ce jour couvert d'ignominie.
        Cet heureux criminel ne rifque pas beaucoup

bis er, als meisterlicher Schütze, von ihrem Haupt
schliesslich mit wohlgezieltem Schuss einen Apfel schiesse. 830
Herr, Tell wird ohne Zweifel vor lauter Angst und Schrecken,
trotz seiner grossen Kunst, ein schlechter Schütze sein.
Ihr straft mit dem Tod, ohne ihn verhängt zu haben.
Vielleicht werden sie beide ihr Schicksal erfüllen:
mit einem Pfeil durchbohrt er das Herz seiner Tochter, 835
und nach dem Schuss wird er vor Kummer sterben.

GRISLER Lienhard, ich bewund're den Scharfsinn Eures Geistes,
der findig ohnegleichen vor Klugheit nur so strotzt!
Gerne nehm' ich Euren beispiellosen Vorschlag auf,
um meine Ehr' zu rächen. Versammelt meinen Rat! 840
Ohne Verzug will ich den Schuldigen richten.
Mein unversöhnlicher Hass fordert ihren Tod.
Eilt und weist in meinem Namen meine Leute an,
hierher sich zu begeben, das Urteil anzuhören.

SZENE 10

GRISLER, LIENHARD, WERNER, der HOFRAT

GRISLER Ihr, die ein alter Brauch vor meine Augen führt, 845
um die Zeugen zu sein meiner edlen Herrschaft
und als erste zu hören, was ich gerecht verfüge –
doch nicht, um sie zu lenken mit unverschämtem Urteil –,
vernehmt, dass ich wegen des furchtbarsten Rebellen
hierher meinen Rat versammle und berufe. 850
Tell, der mir seit langem schon verdächtig ist,
wagt es gar öffentlich, mir die Achtung zu versagen.
Sein Frevel wird geahndet, doch seine geringe Strafe
wird mehr als guten Vater denn als Richter mich bezeugen.
Seiner Tochter Hedwig wird er mit einem Pfeil 855
vom Kopf einen Apfel schiessen; hier mein Schiedsspruch:
Trifft er ihn nicht, so kost' es ihn das Leben,
mich an diesem Tag mit Schmach bedeckt zu haben.
Dieser glückliche Schurke riskiert dabei nicht viel,

C'eft le meilleur tireur pour ajufter fon coup;   860
Dans tout notre païs pour l'arc il a la gloire
De tirer le plus jufte...

LEINHARD   Oui, la chofe eft notoire
Allons executer un arrêt auffi doux.

WERNER Qu'entens-je ? Jufte ciel ! (à Grisler) Seigneur y penfez
    vous ?

GRISLER Que l'on me fuive: allons, point ici de replique   865
Je veux être obeï, qui raifonne, me pique.

(à Leinhard) Vous, Leinhard, ayez foin, que l'on m'améne
    ici
La fille du mutin, puifqu'il la faut auffi;
Et fi nous prevenant elle avoit pris la fuite
Son pere en repondra de fa tête maudite.   870

SCENE XI

WERNER (feul) Eft-il permis ? O ciel ! quel filence honteux !

Trop humbles confeillers d'un tiran orgueilleux.
Permettez vous toujours que Grisler vous bafoue ?
Quel crime commet-il, que votre corps n'avoue ?
Suivez ce doux Seigneur; allez laches muets,   875
Allez, foyez temoins de fes affreux forfaits !
Qui ne s'oppofe point au mal qu'il voit, s'y trouve

Et qui flatte un tiran, lui meme enfin l'eprouve;
Ne vous fouvient-il plus que c'eft votre Empereur
Qui vous a mis en place & non fon gouverneur ?   880
Les pas, que l'on recule, un ennemi s'avance,
Grisler puife fa force en votre complaifance,
Il nourrit fon orgueil de votre encens flatteur
Et fur votre baffeffe il fonde fa hauteur.

er ist der beste Schütze, um genau zu zielen. 860
In unserm ganzen Land ist er als sicherster
Bogenschütze berühmt...

LIENHARD   Ja, alles ist nun klar!
Gehn wir, ein so mildes Urteil zu vollstrecken!

WERNER Was hör' ich da? Gerechter Himmel! (zu Grisler) Herr,
denkt Ihr daran?

GRISLER Man folge mir! Gehn wir! Hier keine Widerrede! 865
Ich will, dass man gehorcht! Wer widerspricht, der ärgert
mich.
(Zu Lienhard) Ihr, Lienhard, kümmert Euch darum, dass
man die Tochter
des Rebellen hierher bringe; denn auch das muss sein.
Und wäre sie uns mit ihrer Flucht zuvorgekommen,
wird mit seinem verfluchten Haupt ihr Vater für sie haften. 870

SZENE 11

WERNER (allein) Darf das wahr sein? O Himmel! Welch schänd-
liches Schweigen!
Allzu untertänige Ratgeber eines stolzen
Tyrannen, erlaubt ihr stets, dass Grisler euch verhöhnt?
Welches seiner Verbrechen heisst der Hofrat nicht gut?
Folgt diesem milden Herrn! Geht, stumme Feiglinge, 875
geht, seid Zeugen seiner scheusslichen Missetaten!
Wer sich dem Bösen, das er sieht, nicht widersetzt, wird
schuldig,
und wer einem Tyrannen schmeichelt, leidet schliesslich selber.
Habt ihr denn vergessen, dass euer Kaiser euch
ins Amt berufen hat und nicht sein Vogt? 880
Die Schritte, die man weicht, die rückt ein Feind voran,
Grisler schöpft seine Kraft aus eurer Fügsamkeit,
er nährt seinen Stolz aus eurer Beweihräucherung
und gründet seinen Hochmut auf eure Niedertracht.

Allés, applaudiſſez à ce triſte ſpectacle; 885
Il ne tient pas à moi d'y porter de l'obſtacle;
Mes yeux ne verront point un pere tout tremblant
Faire partir la mort contre ſon propre enfant.
Mais il faut ſans tarder qu'Adolphe j'avertiſſe,
De ce cruel arrêt, avant qu'il s'accompliſſe. 890

Geht, spendet Beifall diesem elenden Trauerspiel!   885
An mir liegt es nicht, hindernd einzugreifen.
Nie sollen meine Augen sehn, wie ein Vater zitternd
den Tod losschwirren lässt gegen sein eignes Kind.
Doch ohne Zögern gilt's, dies grausame Urteil
Adolf mitzuteilen, eh' man es vollsteckt.   890

ACTE III

SCENE I

Edwige (feule) Trouble de mon efprit, emotion, detreffe !
    Triftes avantcoureurs du deftin qui me preffe,
    Que me prefagez vous ? Quelle angoife en mon cœur
    Me ferre & me prédit quelque infigne malheur ?
    D'un mouvement fecret mon ame eft attendrie   895
    Le ciel menace-t-il mon pere & ma patrie ?
    Ou feroit-ce qu'Adolphe auroit trahi fa foi ?
    Depuis affez long tems je ne l'ai vû chez moi.
    Mais fon fidele cœur... On vient... Ah ! c'eft Rofine
    Depofons dans le fien l'ennuy qui me domine.   900
    Les plus cuifans foucis au foin de l'amitié

    Perdent de leurs fardeaux le poids de la moitié.

SCENE II

Edwige, Rosine

Rosine Quel fpectacle etonnant, ma tendre amie Edwige !

    Sais-tu de quel affront le tiran nous afflige ?
    Il veut que le public honore fon chapeau   905
    Sur la place du bourg planté fur un poteau,
    Il veut que le paffant humblement le falue,
    Plufieurs s'y font foumis en detournant la vuë
    Tout le bourg retentit de lamentations
    Et le peuple s'epuife en imprecations   910
    Mais entre tous j'ai vû que Tell votre cher pere
    Devant ce vil objet d'une demarche fiere
    Et fans fe decouvrir a paffé fon chemin.

III. AKT

SZENE 1

HEDWIG (allein) Unruhe meines Geists, Erschütterung und Not,
    traurige Vorboten des Schicksals, das mich bedrängt,
    was kündigt ihr mir an? Welche Angst beklemmt mein
    Herz und weissagt mir irgendein furchtbares Unglück?
    Ein geheimes Gären rührt meine Seele.   895
    Bedroht der Himmel meinen Vater und meine Heimat?
    Oder hätte vielleicht Adolf sein Wort gebrochen?
    Schon ziemlich lange habe ich ihn nicht bei mir gesehn.
    Allein,sein treues Herz... Da kommt jemand... O, es ist Rosine!
    Vertrauen wir ihr den Kummer, der mich knechtet, an!   900
    Die brennendsten Sorgen verlieren, kümmert sich
        Freundschaft drum,
    zur Hälfte das Gewicht ihrer drückenden Last.

SZENE 2

HEDWIG, ROSINE

ROSINE Welch erstaunlicher Anblick, meine Herzensfreundin
        Hedwig!
    Weisst du, mit welcher Schmach der Tyrann uns peinigt?
    Er will, dass die Leute seinen Hut verehren,   905
    der im Kern des Fleckens auf einem Pfosten prangt,
    er will, dass, wer vorüberkommt, ihn demütig grüsst.
    Manche haben sich gefügt, mit abgewandtem Blick.
    Der ganze Flecken hallt wider von Wehklagen,
    und das Volk erschöpft sich in wilden Verwünschungen.   910
    Doch unter allen sah ich Tell, Euren lieben Vater,
    vor diesem Mal der Schande in stolzer Haltung, und,
    ohne sich zu entblössen, seines Weges zieh'n.

EDWIGE Ciel ! voilà le malheur, qu'enfante mon deftin,
  Voilà de mes ennuys cette fource fecrette   915
  Qui d'un effort caché me rendoit inquiete.
  Voilà le trifte objet du noir preffentiment
  Dont je fentois en moi l'invincible tourment.
  Mon pere où refte-t-il ? Le tiran, notre maître
  Sans doute devant lui l'a deja fait paroitre,   920
  Sans doute il a fini deja fon trifte fort.
  Je cours pour l'embraffer dans les bras de la mort.

ROSINE Ne vous figurez point des malheurs chimeriques,
  Ces tems en des réels ne font que trop critiques.
  Le noble orgueil de Tell n'étoit point obfervé   925
  Par aucun fpectateur, qui ne l'ait approuvé.
  Le tiran n'en fait rien...

EDWIGE   Quoi ! par cent emiffaires
  Grisler inftruit toujours de toutes nos affaires
  Aura fans contredit apofté de fes gens
  Pour obferver de près les geftes des paffans.   930

ROSINE Les tirans au tour d'eux ont peu de gens fideles
  Tout leur paroit fufpect, tout paroit des rebelles.
  Dans le fein du foupçon & de la cruauté
  On leur raporte peu la pure verité.
  Un page vient...

SCENE III

EDWIGE, ROSINE, UN PAGE D'ADOLPHE

EDWIGE   Ami ! n'as-tu point vû mon pere ?   935

LE PAGE Madame, je l'ai vû dans un lieu folitaire
  Dans une allée au bout fous les murs du chateau
  Il fe promenoit feul.

HEDWIG Himmel, das ist das Unglück, das mein Schicksal zeugt!
      Dies also war der geheime Quell meiner Sorgen,   915
      der mit verborgener Gewalt mich unruhig machte,
      dies das traurige Ziel meiner dunklen Ahnung,
      deren unbezwingliche Pein ich in mir fühlte.
      Wo bleibt nur mein Vater? Der Tyrann, unser Herr,
      hat ihn gewiss schon vor sich erscheinen lassen,   920
      und gewiss schon hat er sein Jammerlos erfüllt.
      Ich eil', ihn zu umarmen in den Armen des Tods.

ROSINE Bildet Euch keine wahnhaften Schrecken ein,
      sind diese Zeiten doch schon an sich zu bedenklich.
      Tells edelmütigen Stolz hat kein Zuschauer   925
      beobachtet, der ihn nicht gebilligt hätte.
      Der Tyrann weiss nichts davon...

HEDWIG   Nein, durch hundert Spitzel
      weiss Grisler stets um alle unsre Schritte und wird
      zweifellos seine Leute auf der Lauer die Gesten
      der Passanten aus der Näh' beobachten lassen.   930

ROSINE Tyrannen haben um sich wenige Getreue,
      jeder scheint ihnen verdächtig, jeder ein Rebell.
      Wo Verdacht und Grausamkeit regieren,
      kommt ihnen nur wenig die reine Wahrheit zu Ohr.
      Da kommt ein Bote...

SZENE 3

HEDWIG, ROSINE, EIN BOTE ADOLFS

HEDWIG   Freund, hast du nicht meinen Vater gesehn?   935

DER BOTE Madame, ich sah ihn an einem einsamen Ort
      in einer Baumallee, ganz hinten, am Fusse der Burgmauern.
      Er spazierte allein.

EDWIGE   Que dit-on de nouveau ?

LE PAGE Tout le bourg eſt emû, je ne ſais quel vacarme
          A tous les habitans vient de donner l'allarme.   940
          On ſe parle, l'on court & dans cette rumeur
          On entend prononcer le nom du Gouverneur,
          Avec celui de Tell, de priſon & de gardes;
          Je viens d'en voir un gros heriſſé d'hallebardes
          Ils montoient au chateau avec un priſonnier   945
          Que je n'ai pas pu voir.

EDWIGE (à Roſine)   Mon malheur eſt entier,
          N'en doutons plus, c'eſt fait, ce coup ci me concerne !
          Mon cœur en fremit trop, mon ame ſe conſterne
          Mon pere eſt dans les fers, & Grisler, ſon bourreau
          Va le precipiter dans l'ombre du tombeau.   950
          (au Page) On nomme Tell, dis-tu ?

LE PAGE   Il me ſembloit l'entendre.
          Mais chargé d'un billet, qu'à mon maître il faut rendre,
          Où pourrais-je Madame ?...

EDWIGE   Ah ! je ne l'ai point vû
          Depuis aſſez long tems céans il n'a paru.
          (à Roſine) Votre main ſur mon cœur... Sentés comme il palpite   955
          Je ne ſaurois cacher la frayeur qui m'agite.

LE PAGE Mon meſſage eſt preſſant, courrons chercher ailleurs
          Mon maître ſans tarder...

ROSINE   Pourquoi verſer des pleurs ?
          Sur les dangers de Tell votre amitié s'abuſe,
          De ce page preſſé la nouvelle eſt confuſe.   960
          Quoi ! ſi de votre pere on a melé le nom
          A celui de Grisler, de gardes, de priſon,
          Peut être ſans rapport que ces noms on prononce;
          Tell ſe promenoit ſeul, le page vous l'annonce,
          Au jardin du chateau; peut-il en même tems   965
          Par les gardes ſaiſi ?...

HEDWIG   Was sagt man Neues?

DER BOTE Der ganze Flecken ist in Aufruhr, ich weiss nicht,
  welcher Tumult alle Einwohner aufgeschreckt hat.   940
  Man spricht sich, man eilt, und in diesem Stimmengewirr
  hört man den Namen des Vogtes fallen, und auch
  Tells Namen und Worte wie «Gefängnis», «Wachen».
  Eben sah ich einen Haufen, strotzend von Hellebarden;
  sie stiegen hoch zur Burg mit einem Gefangenen,   945
  den ich nicht erblicken konnte.

HEDWIG (zu Rosine)   Mein Unglück ist vollkommen,
  kein Zweifel mehr, es ist aus, dieser Schlag zielt auf mich:
  Mein Herz schaudert zu sehr, meine Seele ist bestürzt!
  Mein Vater ist in Fesseln, und Grisler, sein Henker,
  schickt sich an, ihn in den Schatten des Grabs zu stürzen.   950
  (zum Boten) Tells Name fiel, sagst du?

DER BOTE   Ich glaubte, ihn zu hören.
  Doch betraut mit einem Schreiben, das ich meinem Herrn
  aushändigen muss, wo könnte ich, Madame?...

HEDWIG   Ach,
  ziemlich lange schon hab' ich ihn hier nicht mehr gesehn.
  (zu Rosine) Eure Hand auf mein Herz... Fühlt, wie es pocht!   955
  Ich könnt' den Schrecken, der mich aufwühlt, nicht verbergen.

DER BOTE Mein Auftrag drängt, eilen wir, anderswo unsern Herrn
  ohne Säumen zu suchen...

ROSINE   Warum Tränen vergiessen?
  Eure Liebe täuscht sich über die Gefahren Tells.
  Verworren klingt die Meldung dieses gehetzten Boten.   960
  Was, wenn man Eures Vaters Namen mit dem Grislers
  vermengt hätte, dem der Wachen, des Gefängnisses?
  Vielleicht spricht man diese Namen ohne Bezug
  zueinander aus; Tell ging im Burggarten allein
  – so der Bote – spazieren; kann er zu gleicher Zeit,   965
  von den Wachen verhaftet,...?

EDWIGE   Le trouble que je fens
    Sur ce trifte malheur ne me laiffe aucun doute.

ROSINE Vainement quelquefois on fe trouble, on redoute

    Mais ciel ? Voilà Werner, il vient d'un pas hâté
    Et le vifage en feu...

EDWIGE   Cette celerité   970
    Me fait trembler, Rofine, ah ! je crains ce meffage
    Ciel ! voici le moment où fond fur moi l'orage.

SCENE IV

WERNER, EDWIGE, ROSINE

WERNER Si je ne vous favois, Edwige, un fi grand cœur
    Je vous pallierois le recit d'un malheur,
    Par des detours obfcurs; votre ame preparée   975
    Ne l'aprendroit jamais de ma bouche à l'entrée;
    Votre pere tantôt ainfi qu'un criminel
    Fut conduit en prifon.

EDWIGE   Je le craignois o ciel !

WERNER Grisler eft furieux, il le traite en rebelle
    Edwige en fon efprit eft auffi criminelle   980
    De votre tête Tell doit abattre d'un trait
    Une pomme en public.

EDWIGE   Ciel ! quel cruel arrêt ?

WERNER Le courroux du tiran demande un facrifice,
    On vient pour vous trainer à l'inftant au fuplice
    Les ordres font donnés; à l'inftant fauvés vous   985
    Vous connoiffez Grisler.

HEDWIG Die Bestürzung, die ich über
dieses Unglück fühle, lässt mir keinen Zweifel.

ROSINE Grundlos ängstigt man sich manchmal, empfindet grossen
Schrecken.
Doch Himmel, da kommt Werner! Schnell ist sein Schritt
und Feuer rötet sein Gesicht...

HEDWIG Diese Eile 970
lässt mich zittern, Rosine! Ach, ich fürchte diese
Botschaft! O Himmel, jetzt bricht der Sturm über mich herein!

SZENE 4

WERNER, HEDWIG, ROSINE

WERNER Wüsst' ich Euch, Hedwig, nicht so tapferen Sinns,
ich verschleierte Euch die Schreckensnachricht
mit dunklen Ausflüchten; Eure gefasste Seele 975
würd' aus meinem Mund sie nie sogleich erfahren:
Euer Vater wurde soeben wie ein Verbrecher
ins Gefängnis abgeführt.

HEDWIG Ich befürchtete es, o Himmel!

WERNER Grisler ist wutentbrannt, er behandelt ihn als Rebellen,
auch Hedwig hält er für eine Verbrecherin. 980
Von Eurem Haupt muss Tell mit einem Pfeil
öffentlich einen Apfel schiessen.

HEDWIG O Himmel! Welch grausamer Spruch!

WERNER Der Ingrimm des Tyrannen heischt nach einem Opfer.
Man kommt, Euch auf der Stelle zur Hinrichtung zu schleppen.
Die Order ist gegeben; rettet Euch im Nu, 985
Ihr kennt Grisler.

EDWIGE   Deſtin ! voilà le coup
          Oui ! je connois Grisler & ſon ame inhumaine;
          Depuis long tems mon pere eſt l'objet de ſa haine;
          Genereux partiſan de notre liberté !
          Il en parloit toujours avec vivacité;   990
          Et ce mot precieux trop ſouvent dans ſa bouche
          Du tiran aigriſſoit l'eſprit fier & farouche;
          Grisler ne peut ſouffrir que la voix d'un flatteur;
          Qui parle en homme libre eſt un perturbateur;
          Mais s'il a ſoif du ſang de toute une famille,   995
          Qu'il immole à la haine & le pere & la fille.
          Moi, je devrois m'en fuir ? Non, il n'en ſera rien,
          Le péril n'abat point un cœur Helvetien.
          Si le tiran ravit à mon pere la vie,
          Qu'il outre par ma mort encor ſa tirannie,   1000
          Afin que d'aujourd'hui ce prefet odieux
          Devienne aux yeux de tous un ſpectre furieux.
          L'innocence eſt ſouvent neceſſaire victime,
          Pour que le ciel enfin lance ſes coups au crime,
          Et ſi la liberté demande tout mon ſang,   1005
          Que le bourreau s'avance & poignarde ce flanc.

WERNER De notre Gouverneur la coupable puiſſance
          Par aſſez de forfaits a ſouillé ſa regence
          C'eſt un ſoin ſuperflu de chercher au tiran
          Pour le rendre odieux quelque crime plus grand;   1010
          Des ſermens les plus ſaints la parole ſacrée
          Cent fois ſur nos autels ſi fauſſement jurée
          Tous nos droits violés, tant de ſang repandu
          Le rendent aſſez noir aux yeux de la vertu.

EDWIGE A ces raiſons, Werner ! mon cœur ne peut ſe rendre   1015

          Une plus forte voix en moi ſe fait entendre;
          Pourrois-je abandonner mon pere dans les fers
          Sans aller avec lui partager ſes dangers !
          Le tiran s'aigriroit; ma deſobéïſſance
          De mon pere envers lui augmenteroit l'offenſe
          De la vertu ſuivons le genereux inſtinct;   1020

HEDWIG   Schicksal, das ist nun dein Schlag!
Ja, ich kenne Grisler und seine Unmenschlichkeit.
Schon lange verfolgt er meinen Vater mit seinem Hass,
ihn, den hochherzigen Verfechter unsrer Freiheit.
Tell sprach stets von ihr mit grosser Begeisterung,   990
und dieses kostbare Wort führte er zu oft
im Mund und reizte so des Tyrannen Stolz und Grimm.
Grisler kann nur die Stimme eines Schmeichlers ertragen.
Wer als freier Mensch spricht, ist ein Störenfried.
Doch lechzt er nach dem Blut einer ganzen Familie,   995
so opfre er dem Hass den Vater und die Tochter!
Ich, ich sollte fliehen? Nein, nie und nimmer,
nie lässt die Gefahr ein Schweizerherz verzagen.
Wenn der Tyrann meinem Vater das Leben raubt,
soll er durch meinen Tod seine Zwingherrschaft krönen,   1000
damit von heute an dieser verhasste Vogt
in den Augen aller ein rasender Popanz wird.
Nicht selten muss die Unschuld geopfert werden,
damit der Himmel endlich das Verbrechen geisselt,
und sollte die Freiheit all mein Blut verlangen,   1005
so komme der Henker und durchsteche meine Seite!

WERNER Die frevelhafte Macht unseres Statthalters
hat mit genug Untaten seine Amtsführung befleckt.
Überflüssig ist's, dem Tyrannen ein noch grösseres
Verbrechen anzulasten, um ihn verhasst zu machen.   1010
Das ehrwürdige Wort der heiligsten Eide,
hundertmal an unsern Altären so falsch geschworen,
all unsre verletzten Rechte, all das vergossne Blut,
schwärzen ihn in den Augen der Tugend genug an.

HEDWIG Diesem Gedanken, Werner, kann mein Herz nicht   1015
    beipflichten,
eine stärkere Stimme schafft sich in mir Gehör.
Könnt' ich meinen Vater den Fesseln überlassen,
ohne mit ihm seine Gefahren zu teilen?
Der Tyrann würde gereizt; mein Ungehorsam
würd' die Kränkung des Vogts durch meinen Vater steigern.
Folgen wir dem edlen Trieb der Tugend!   1020

Entremettons au ciel le foin de mon deftin.
Sur un fi faint devoir balancer eft un crime !

WERNER De ce devoir fi faint vous feriez la victime,
    Sans que tout votre fang eteindroit le courroux   1025
    Qui va faire tomber fur Tell les mêmes coups.
    D'ailleurs pour votre amant du moins plus attendrie
    Songés que vos dangers étoufferoient fa vie;
    Ou du moins attendez qu'Adolphe vienne auffi
    Je l'ai fait avertir.

EDWIGE   Son page vint ici;   1030
    Mais peut-on efperer qu'il rencontre fon maître
    Dans ce tumulte affreux qui vient, dit-on, paroître.

WERNER Adolphe dans l'inftant viendra, n'en doutez pas,
    Son amour allarmé vers vous hâte fes pas.
    Mais déja le voici.

SCENE V

ADOLPHE, WERNER, EDWIGE, ROSINE

ADOLPHE (à part)   Lugubre deftinée   1035
    Comment finiras-tu cette trifte journée ?
    Faut-il que l'innocence ? ... ? Edwige ! ah je vous vois !
    D'un excès de douleur mon cœur eft aux abois.
    Trifte fort ! autrefois cette agreable vuë
    D'un excès de plaifir rendoit mon ame emuë;   1040
    Aujourd'hui vous voyant dans le fein des dangers,
    Je tremble pour des jours, qui me font les plus chers;
    Un orage effroyant gronde fur votre tête.
    Fuyons, fuyons, Edwige, évitons la tempête.
    Sans doute que Werner...

Dem Himmel sei die Sorge um mein Schicksal anvertraut!
Zaudern bei einer so heiligen Pflicht ist ein Verbrechen!

WERNER Ihr wäret das Opfer dieser so heiligen Pflicht,
ohne dass all Euer Blut den Zorn dämpfte,   1025
der bald auf Tell dieselben Schläge hageln lässt.
Im übrigen: Habt wenigstens Mitleid mit Eurem Liebsten,
bedenkt, Eure Not würde sein Leben ersticken;
oder harrt wenigstens aus, bis auch Adolf kommt.
Ich liess ihm Kunde bringen.

HEDWIG   Sein Bote kam hierher;   1030
aber kann man hoffen, dass er seinem Herrn in diesem
furchtbaren Getümmel begegnet, das eben ausgebrochen?

WERNER Adolf wird im Nu bei Euch sein, zweifelt nicht daran,
seine aufgeschreckte Liebe beschleunigt seinen Schritt.
Doch da ist er schon!

SZENE 5

ADOLF, WERNER, HEDWIG, ROSINE

ADOLF (zur Seite)   Grausiges Verhängnis,   1035
wie wirst du diesen Unglückstag ausgehen lassen?
Muss die Unschuld?... Hedwig, o ich erblicke Euch!
Das Übermass an Schmerz lässt mein Herz verzweifeln.
O trauriges Geschick! Einst ward meine Seele
bei diesem Anblick von massloser Freude gerührt.   1040
Heut aber, da ich seh', wie Gefahren Euch umzingeln,
zittre ich um das Leben des mir liebsten Menschen.
Ein fürchterlicher Sturm tost über Eurem Haupt.
Flieh'n, flieh'n wir, Hedwig, entrinnen wir dem Orkan!
Ohne Zweifel hat Werner...

EDWIGE   Seigneur, j'ai tout appris,   1045
   Et la vertu me dicte un parti que j'ai pris;
   Je vais joindre mon pere.

ADOLPHE   Y penfez vous, Madame,
   Voudriez vous d'un amant ainfi trahir la flame,
   Mon pere eft maître ici, ce qu'il veut, il le peut,
   Quand il eft offenfé, vous favez ce qu'il veut.   1050
   Songez que votre ardeur tripleroit la victime
   De l'orgueil où mon pere aveuglement s'abîme.
   Adolphe fans tarder verferoit tout fon fang
   Trop payé s'il fervoit au votre de garant.
   De grace, abandonnez un deffein fi funefte,   1055
   Sur mes fideles foins repofez vous du refte.
   Dans notre bourg, Madame, & dans tout le païs
   Werner a du foutien, Adolphe a des amis;
   On aime votre pere & l'ame ambitieufe
   Du mien depuis long-tems à tous eft odieufe.   1060
   Si ma douleur ne peut emouvoir fon cœur dur,
   Nos bras de la prifon renverferont le mur,
   Nous vous ramenerons en triomphe ce pere
   Qui vous caufe aujourd'hui cette douleur amere.

EDWIGE Seigneur, votre grand cœur que l'amour enfle encor   1065
   Ne croit rien impoffible à fon puiffant effort.
   Vous avez des amis; Werner en a de même;
   Je fai que le public vous honore & vous aime;
   Mais comment ces amis feront-ils à la main
   Pour feconder d'abord ce genereux deffein ?   1070
   Si je ne me rends point à l'inftant prifonniere
   Mon pere de fa vie a fini la carriere.
   De fes jours menacés je fuis le feul efpoir,
   Voudriez vous rallentir l'ardeur de mon devoir ?
   Quoi ! l'auteur de mes jours qui s'avance au fupplice   1075
   Doit-il de notre hymen être le facrifice ?
   Adolphe voudroit-il fon Edwige à ce prix ?
   Non, d'un cœur fi cruel il ne peut être epris !
   Cedons fans balancer à l'injufte puiffance
   Dont votre pere accable aujourd'hui l'innocence   1080

HEDWIG Herr, ich hab' alles erfahren! 1045
Die Tugend schreibt mir vor, was ich beschlossen habe:
Mein Platz ist bei meinem Vater.

ADOLF Ist das Ihr Ernst, Madame?
Möchten Sie so die Glut eines Liebenden verraten?
Mein Vater ist hier der Herr, was er will, das kann er auch,
wenn er beleidigt wird, so wisst Ihr, was er will. 1050
Bedenkt, verdreifacht würde durch Euren Eifer das
Opfer des Hochmuts, dem mein Vater blind verfällt.
Adolf würd' ohne Zögern all sein Blut vergiessen,
doch wär's zu teuer bezahlt, wenn es für Eures bürgte.
Um Gottes willen, lasst von solch einem Unglücksplan, 1055
im übrigen vertraut auf meine treuen Dienste!
In unserm Flecken, Madame, und im ganzen Land
hat Werner Rückendeckung und hat Adolf Freunde.
Man liebt Euren Vater und die ehrgeizige
Seele des meinen ist schon lange allen verhasst. 1060
Kann mein Schmerz sein hartes Herz nicht rühren,
so werden unsre Arme die Kerkermauern schleifen
und Euch im Triumph den Vater nach Hause bringen,
der Euch heute diesen bitteren Schmerz beschert.

HEDWIG Herr, Euer grosser Mut, den die Liebe noch verstärkt, 1065
glaubt, seinem mächtigen Drang sei nichts unmöglich.
Ihr habt Freunde und ebenso auch Werner;
ich weiss, dass das ganze Volk Euch ehrt und liebt.
Doch wie werden diese Freunde uns zur Hand sein,
um diesen edlen Plan sofort zu unterstützen? 1070
Wenn ich mich nicht augenblicklich gefangen gebe,
hat mein Vater seine Lebensbahn beendet.
Ich bin die einzige Hoffnung seines bedrohten Lebens.
Möchtet Ihr mir die Liebe hemmen zu meiner Pflicht?
Wie? Der Erzeuger meines Lebens, den bald der Henker fällt, 1075
soll er das Opfer unsres eh'lichen Bundes sein?
Möchte Adolf seine Hedwig um solchen Preis?
Nein, in ein so grausames Herz kann er nicht verliebt sein!
Weichen wir ohne Zaudern der ungerechten Macht,
deren Unschuld heute Euer Vater schwer belastet! 1080

Mais efperons du ciel le vifible fecours;
C'eft Dieu, qui tient en main & qui conte nos jours;
Envain attendrions nous qu'un deffein d'hymenée
Changeat le ferme arrêt de notre deftinée,
Confolez vous Adolphe.

ADOLPHE   O ciel ! c'eft fait de moi !   1085
Votre auftere vertu m'accable de fa loi.
Edwige à ma priere êtes vous inflexible ?
Un cœur trop elevé devient inacceffible.
Mes yeux pour vos dangers de larmes font mouillés,
Pour tout autre fujet je les croirois fouillés;   1090
Mais je l'avoue, ici ma tendreffe eft ma gloire;
Je cede à ma douleur une pleine victoire;
De grace defcendez de ces hauts fentimens,
Abaiffez votre cœur jufques à mes tourmens;
Je me fens abbatu d'un excès de tendreffe,   1095
La crainte pour vos jours fous fon fardeau m'abaiffe.

EDWIGE Ah ! le ciel m'eft temoin, Adolphe, que mon cœur
Comme le votre fent la plus vive douleur.
Mon devoir, mon amour me tiennent partagée,
Dans une mer d'ennuis mon ame eft fubmergée;   1100
Mais de laiffer glacer la fource de mon fang,
D'une trop vive voix mon devoir le defend.
Mon pere à qui je dois cette mortelle vie
Par ma faute doit-il voir la fienne ravie ?
Non, permettez Seigneur ! qu'en ce rude combat   1105
A vos yeux ma vertu prenne un nouvel eclat.
Que je vous faffe voir comme une ame bien née
Subit fans s'etonner fa trifte deftinée.

ADOLPHE Si vos dangers de Tell pouvoient fauver les jours
Ce feroit un devoir de lui prêter fecours;   1110
Mais hélas ! vous feriez la victime inutile
D'un cœur où la vertu ne trouve point d'afyle;
Mon pere eft inflexible, & le ciel par fes traits
Ne le feroit changer aucun de fes arrêts.
L'affreufe ambition, maitreffe de fon ame   1115

Doch hoffen wir vom Himmel Zeichen seiner Hilfe;
Gott ist's, der in seiner Hand unsre Tage hält und zählt.
Vergeblich würden wir warten, ein Plan zur Hochzeit
könnt' den starren Ratschluss unsres Schicksals ändern.
Tröstet Euch, Adolf!

ADOLF   O Himmel, es ist aus mit mir!   1085
Das Gesetz Eurer strengen Tugend lastet schwer auf mir.
Hedwig, könnt Ihr meiner Bitte Euch nicht beugen?
Ein Herz, das zu hoch fliegt, verliert sein Mitgefühl.
Eure Gefahren netzen mit Tränen meine Augen,
bei jedem andern hielte ich sie für besudelt.   1090
Doch ich gesteh's, hier ist mein weiches Herz mein Ruhm.
Ich überlasse meinem Schmerz den vollen Sieg.
Um Gottes willen, lasst dies stolze Denken fahren,
und Euer Herz neige sich meinen Qualen zu!
Ich fühle mich getroffen vom Übermass der Liebe,   1095
die Furcht um Euer Leben beugt mich unter ihrer Last.

HEDWIG Ach, der Himmel ist mein Zeuge, Adolf, dass mein Herz
gleich wie das Eurige die schlimmste Pein erduldet.
Ich fühle mich zerrissen zwischen Pflicht und Liebe;
in ein Meer von Sorgen ist meine Seele getaucht.   1100
Doch den Quell meines Bluts in Eis erstarren zu lassen,
verbietet mir die Pflicht mit überlauter Stimme.
Soll mein Vater, dem ich mein sterbliches Leben verdanke,
sich durch mein Versagen des seinigen beraubt sehn?
Nein, gestattet, Herr, dass in diesem schweren Kampf   1105
meine Tugend sich in Euren Augen neu bewähre.
Dass ich Euch sehen liesse, wie eine edle Seele,
ohne fassungslos zu sein, sich in ihr Unglück schickt!

ADOLF Wenn Eure Gefahren Tells Leben retten könnten,
wär' es hohe Pflicht, ihm Hilfe zu leisten.   1110
Aber ach, Ihr wäret das unnütze Opfer
eines Herzens, in dem die Tugend keine Heimstatt findet.
Mein Vater ist unbeugsam, selbst des Himmels Pfeile
brächten ihn nie dazu, sein Urteil zu ändern.
Der schreckliche Ehrgeiz, der Beherrscher seiner Seele,   1115

La porte à tout excès & ſon cœur qu'elle enflame
A l'innocente Edwige ouvriroit au chateau
Au lieu d'un tribunal un lugubre tombeau.

EDWIGE Seigneur ! ſi les deſtins ont reſolu ma perte
    Pour eviter leurs traits où ſerois-je couverte ?   1120

ADOLPHE Juſte ciel ! ſauvons nous, Leinhard vient nous ſaiſir.

EDWIGE Mon cher pere, avec vous je veux vivre & mourir.

SCENE VI

ADOLPHE, EDWIGE, ROSINE, WERNER, LEINHARD, GARDES

LEINHARD A la fin, la voici, la fille du rebelle !
    Le Gouverneur, Edwige, au chateau vous appelle.
    (à Adolphe) Pardonnez moi Seigneur ! ſi ſans façon je viens   1125
    D'une importune voix troubler vos entretiens.
    D'ordre du Gouverneur je dois ſaiſir Edwige
    Et je dois la conduire où cet ordre l'exige.

ADOLPHE (mettant l'épée à la main)
    Sauve toi malheureux ! ou ce fer de tes jours
    Sans façon va trancher le deteſtable cours.   1130

LEINHARD O ciel ! Gardes à moi.

EDWIGE (ſe mettant entre deux)
                  Adolphe ! en temeraire
    Ne vous oppoſez point aux volontés d'un pere
    Ne vous oppoſez point à mon triſte deſtin;
    Vouloir y rien changer, c'eſt ſe peiner en vain.

ADOLPHE Je vous reſpecte Edwige ! & votre ordre ſuprême   1135
    Fait qu'on peut m'enlever tout ce qu'au monde j'aime

reizt sie zu Exzessen, und sein Herz, das er entflammt,
würde der unschuldigen Hedwig in der Burg
statt eines Gerichtshofs ein grausiges Grab aufschliessen.

HEDWIG Herr, hat das Schicksal meinen Untergang beschlossen,
wo würde ich Schutz finden, seinen Pfeilen zu entgehn?   1120

ADOLF Gerechter Himmel! Retten wir uns! Lienhard kommt,
uns zu verhaften!

HEDWIG Mein lieber Vater, mit Euch will ich leben und sterben.

SZENE 6

ADOLF, HEDWIG, ROSINE, WERNER, LIENHARD, WACHEN

LIENHARD Endlich! Hier ist sie, die Tochter des Rebellen!
Der Vogt ruft Euch, Hedwig, auf seine Burg!
(zu Adolf) Verzeiht mir, Herr, wenn ich ohne Förmlichkeiten   1125
mit ungebet'ner Stimme eure Gespräche störe.
Im Auftrag des Vogts muss ich Hedwig verhaften
und sie bringen, wohin dieser Auftrag es verlangt.

ADOLF (greift zum Schwert)
Pack dich, du Wicht! Oder dieses Schwert wird ohne
Förmlichkeiten dein abscheuliches Leben tilgen.   1130

LIENHARD O Himmel! Wachen zu mir!

HEDWIG (stellt sich zwischen beide)
                              Adolf, widersetzt Euch nicht
tollkühn den Befehlen eines Vaters,
widersetzt Euch nicht meinem traurigen Geschick!
Daran etwas ändern zu wollen, ist verlorene Müh'.

ADOLF Ich gehorche Euch, Hedwig! Euer höchster Befehl   1135
lässt mir mein Liebstes auf dieser Welt entreissen.

Gardes ! en l'emmenant portez lui ce refpect
Que fa beauté demande à fon premier afpect
Je vais vous fuivre auffi.

SCENE VII

Adolphe, Werner, Rosine

Rosine   Ah ! quelle ame fidele !
    D'un enfant vertueux Edwige eft un modele;   1140
    Je vais l'accompagner dans fes triftes malheurs
    Pour l'affifter du moins de mes vœux, de mes pleurs.
    Adolphe ! vous voyez le coup qui la menace
    Volés à fon fecours, eveillés votre audace !
    Allés, que votre bras au milieu des dangers   1145
    Defende vaillamment des interêts fi chers.
    Sur vous je conte. Adieu !

SCENE VIII

Adolphe, Werner

Werner   Quelle funefte hiftoire !
    Seigneur ! favez vous tout ?

Adolphe   La chofe eft trop notoire.
    Je n'en ignore rien; j'appris par tout le bourg
    Ce que mon pere a fait pour perdre mon amour,   1150
    Ce que mon pere a fait pour choquer l'Helvetie
    Ciel ! Edwige à mes yeux par les gardes faifie !
    Tell, fon pere, en prifon ! ah pere imperieux !
    Quoi ! duffai-je affronter tout le courroux des cieux,
    De leur chaine il faut que mon bras les delivre
    Adolphe à ce malheur ne fauroit point furvivre.   1155

Wachen! Wenn ihr sie wegführt, bezeigt ihr den Respekt,
den ihre Schönheit fordert, kaum hat man sie gesehn!
Auch ich will euch folgen.

SZENE 7

ADOLF, WERNER, ROSINE

ROSINE   O, welch treue Seele!
Hedwig ist ein Vorbild eines tugendsamen Kindes.   1140
Ich will sie begleiten in ihrer traurigen Not,
um wenigstens mit Wünschen, mit Tränen ihr zu helfen.
Adolf, ihr seht den Schlag, der sie bedroht!
So eilt ihr doch zu Hilfe, weckt Euren Wagemut!
Geht, auf dass Euer Arm inmitten der Gefahren   1145
heldenhaft verteidigt, was uns so teuer ist!
Ich zähl' auf Euch. Adieu!

SZENE 8

ADOLF, WERNER

WERNER   Welch traurige Geschichte!
Herr, wisst Ihr schon alles?

ADOLF   Die Sache ist zu bekannt.
Ich weiss alles; ich habe im ganzen Flecken gehört,
was mein Vater getan, meine Liebe zu zerstören,   1150
was mein Vater getan, die ganze Schweiz zu kränken.
O Himmel, Hedwig vor meinen Augen verhaftet!
Tell, ihr Vater, im Kerker! Ach, herrschsüchtiger Vater!
Ja, müsst' ich auch dem ganzen Zorn der Himmel trotzen,
aus ihren Eisenketten muss sie beide mein Arm befreien.
Nie könnte Adolf dieses Unglück überleben.   1155

Affistez moi, Werner, de vos sages conseils;
Si l'on connoit l'ami, c'est dans des cas pareils.

WERNER Dans ces bouillans esprits la fougueuse jeunesse
    A former des projets frequemment trop s'empresse.   1160
    Modérés ces transports ! la prudence en tout tems
    Vers ses heureux succès ne marche qu'à pas lents.
    Un pere imperieux néantmoins est un pere,
    Tachés de le gagner, flechissés sa colere,
    Sans différer, allez, allez à ses genoux   1165
    La douleur dans les yeux conjurer son courroux;
    Là de votre maitresse étalez l'innocence
    En même tems de Tell adoucissez l'offense;
    Votre pere peut-être à vos vœux se rendra.

ADOLPHE Non, jamais la sentence il ne revoquera;   1170
    Son esprit est altier, sa colere est terrible,
    Sa haine sans retour & son cœur inflexible.
    Lorsqu'il voit à ses pieds un humble suppliant,
    Son front devient plus fier, son œil plus menaçant.
    Mais après tout, Werner ! il faut user de force   1175
    Si mon pere en son tort à s'obstiner s'efforce,
    Tell dans tout notre bourg doit avoir des amis,
    Pour du secours, déja plusieurs m'en ont promis.
    Allez fortifier ces ames genereuses
    Et faites leur sentir leurs chaines odieuses;   1180
    Qu'à secouer le joug je serai leur appui
    Et que cet heureux jour doit être cejourd'hui.
    Introduits au chateau sans donner des allarmes,
    Notre grand arsenal nous fournira des armes;
    Qui nous empêche alors de forcer la prison   1185
    Et de faire à mon pere entendre enfin raison ?

WERNER Votre courage est beau, même il tient du prodige,
    Vous pouvez sauver Tell & delivrer Edwige,
    Mais après ces exploits que deviendra l'état ?
    Comment soutiendrons-nous ce terrible attentat ?   1190
    D'un succès fortuné l'espoir a des amorces,
    Nous avons bien du cœur, mais avons nous des forces ?

Steht mir zur Seite, Werner, mit Eurem klugen Rat!
Den wahren Freund erkennt man in so schlimmen Lagen.

WERNER Die ungestüme Jugend in ihrer Leidenschaft
beeilt sich oft zu sehr, Taten auszuhecken. 1160
Dämpft diesen Überschwang! Die Klugheit schreitet stets
nur langsamen Schritts zum glücklichen Gelingen.
Ein herrschsüchtiger Vater ist dennoch ein Vater,
versucht, ihn zu gewinnen, mildert seinen Zorn!
Eilt ohne Aufschub, eilt hin zu seinen Knien, 1165
mit Tränen in den Augen seinen Grimm zu bannen.
Dort legt gründlich die Unschuld Eurer Liebsten dar
und stellt zugleich Tells Schuld in ein milderes Licht.
Vielleicht wird Euer Vater Eure Bitten erhören.

ADOLF Nein, nie wird er seine Entscheidung widerrufen. 1170
Sein Geist ist hochmütig, sein Ingrimm ist schrecklich,
sein Hass unauslöschlich und sein Herz unbeugsam.
Wenn er zu seinen Füssen demütig Flehende sieht,
wird seine Stirn noch stolzer, sein Auge drohender.
Doch am Ende, Werner, muss man Gewalt anwenden, 1175
wenn mein Vater hartnäckig in seinem Unrecht verharrt.
In unserm ganzen Flecken muss Tell Freunde haben,
schon manche haben mir ihre Hilfe zugesagt.
Eilt hin, diesen edlen Seelen Mut zu machen
und führt ihnen vor Augen, wie schlimm ihre Ketten sind! 1180
Ich werde ihnen helfen, das Joch abzuschütteln,
und dass dieser Glückstag noch heut sich erfüllen muss.
Unser grosses Zeughaus wird uns mit Waffen versorgen,
die man in die Burg schafft, ohne Lärm zu schlagen.
Was hindert uns dann, das Gefängnis zu erstürmen 1185
und meinen Vater endlich zur Vernunft zu bringen?

WERNER Euer Mut ist schön, ja er grenzt ans Wunderbare!
Ihr könnt Tell erretten und Hedwig befreien,
doch was wird nach diesen Heldentaten aus dem Staat?
Wie werden wir diesen furchtbaren Anschlag stützen? 1190
Die Hoffnung legt stets Köder, wo Glück und Gelingen winkt,
wir haben sehr viel Mut, doch haben wir auch die Kraft?

Pourrons nous refifter au bras d'un Empereur ?
Qui de fes ennemis toujours fut la terreur
Sur le champ nous verrons de fes fortes armées,   1195
Nos villages, nos bourgs, nos villes allarmées,
Et nos peuples fans chef dans la confufion
Mal foutenir l'effort de la fedition.

ADOLPHE La liberté, l'amour operent des miracles,
    Envain le fort oppofe à leurs pas des obftacles;   1200
    Adolphe pour Edwige & Werner pour l'état
    Ne peuvent que vainqueurs fortir de ce combat.
    Donnons, donnons ces chefs aux peuples d'Helvetie,
    Pour s'affranchir du joug excitons leur furie.
    Mais avant tout je vais tenter par la douceur   1205
    De flêchir, s'il fe peut, de mon pere le cœur.
    Veuille le Ciel enfin, que ce funefte orage
    Ne m'accable des maux, que mon cœur me prefage
    Et que l'ambition en ruinant mon amour
    Par mes plus grands malheurs ne fignale ce jour !   1210
    (Adolphe s'en va.)

SCENE IX

WERNER (feul) Amour ! que ton pouvoir eft entier fur notre
        ame
    Puiffante paffion ! que ne peut point ta flame ?
    Adolphe né d'un fang fumant de vanité,
    Lui même le premier parle de liberté,
    De fecouer le joug, d'affranchir l'Helvetie.   1215
    Quel bonheur fingulier pour ma chere patrie !
    Heureufe circonftance ! un plus qu'heureux deftin
    Pour notre liberté vient prendre caufe en main.
    L'amour païe à tout prix tout ce qu'un cœur defire;
    Pour fauver fon Edwige, Adolphe perd l'empire,   1220
    Après Grisler fans doute à la cour en faveur
    Il auroit obtenu l'emploi de Gouverneur.
    En ce jour aux depens d'un honneur qu'il meprife

Werden wir der Macht eines Kaisers trotzen können,
der immer der Schrecken all seiner Feinde war?
Auf dem Schlachtfeld werden wir unsre Dörfer, Flecken,   1195
Städte vor seinen starken Heeren in gewaltiger Panik,
und unsre führerlosen Leute im wüsten Durcheinander
den dornenvollen Aufstand kläglich unterstützen sehn.

ADOLF Die Freiheit und die Liebe wirken wahre Wunder,
vergeblich sucht das Schicksal ihren Schritt zu hemmen.   1200
Adolf für Hedwig und Werner für den Staat
können nur als Sieger aus diesem Kampf hervorgehn.
Geben wir, geben wir den Völkern der Schweiz diese Führer;
damit das Joch zerbricht, reizen wir ihre Wut!
Doch zuallererst will ich gütlich versuchen,   1205
das Herz meines Vaters, wenn möglich, umzustimmen.
Wollte der Himmel endlich, dass dieser unheilvolle Sturm
mich nicht mit Leiden schlägt, die mir mein Herz weissagt,
und dass die Ehrsucht nicht, zu meinem grössten Leid,
mir diesen Tag anzeigt durch Vernichtung meiner Liebe.   1210
(Adolf ab.)

SZENE 9

WERNER (allein) Liebe, wie besetzt deine Macht gänzlich unsre
    Seele!
Mächtige Leidenschaft, was vermag nicht deine Glut?
Adolf, entsprossen einem dummdreisten, eitlen Geschlecht,
er selber spricht als erster von Freiheit, und davon,
das Joch abzuschütteln, die Schweiz zu befreien.   1215
Welch einzigartiges Glück für meine liebe Heimat!
Wie glücklich sich dies fügt! Ein mehr als glückliches
Schicksal ergreift nun für unsre Freiheit Partei.
Die Liebe zahlt jeden Preis, wenn ein Herz sich innig sehnt.
Wenn Adolf Hedwig rettet, verliert er seine Herrschaft.   1220
Bei Hof in gutem Ruf, hätte er ohne Zweifel
auf Grisler folgend das Amt des Vogts erhalten.
Auf Kosten einer Ehre, die er gering achtet,

Il offre d'épauler notre jufte entreprife.
Mais avant d'en parler, laiffons le d'un refus   1225
Cueillir l'affront fanglant pour l'aigrir encor plus;

Pour fa maîtreffe il va folliciter la grace,
Et par là s'attirer la complette difgrace.

anerbietet er sich heute, unsrer gerechten Sache beizustehn.
Doch eh' wir davon sprechen, lassen wir ihn die bittre
Kränkung durch ein «Nein» erfahren, um ihn noch mehr
   zu reizen!
Für seine Geliebte wird er um Gnade fleh'n,
und sich so die Ungnade in vollem Mass zuzieh'n.

ACTE IV

SCENE I

Leinhard, Grisler, Edwige, Gardes

Leinhard Je vous amene ici, Seigneur ! votre victime.

Edwige Victime volontaire & victime fans crime.   1230

Leinhard Bergere ! taifez vous, nous fommes au chateau,
          On y parle autrement que dans votre hameau.

Edwige L'innocence par tout peut parler fon langage
        Son ingenuité fait tout fon avantage.

Leinhard (à Grisler) Reconnoiffez, Seigneur, dans la fille de
                      Tell   1235
          De fon pere l'audace & l'orgueil criminel.

Edwige (à Grisler) Je viens ici, Seigneur ! me rendre prifonniere

          Votre courroux, dit-on, me veut joindre à mon pere.
          Quel crime ai-je commis ? Mon pere qu'a-t-il fait ?
          Pourroit-on nous charger d'une ombre de forfait ?   1240

Grisler Le pere eft un mutin, la fille une infolente,
         Allez, on vous connoit famille turbulente.
         Tell affronte l'état; vous, Edwige, mon fang,
         L'un fe croit trop de force & l'autre trop de rang,
         Je n'en dirai pas plus; c'eft affez vous inftruire,   1245
         Vous avez de l'efprit, cela vous doit fuffire.

Edwige Je comprends ce difcours. Mais je ne rougis point
        Du lien vertueux dont Adolphe m'eft joint.
        Je ne vous cache pas, qu'en fon amour fidele
        Il m'a juré cent fois une ardeur eternelle.   1250

IV. AKT

SZENE 1

LIENHARD, GRISLER, HEDWIG, WACHEN

LIENHARD Ich bringe Euch hier, Herr, Euer Opfer!

HEDWIG Opfer aus freien Stücken und Opfer ohne Schuld.　1230

LIENHARD Schäferin, haltet den Mund, wir sind auf der Burg,
man spricht hier anders als in Eurem Weiler!

HEDWIG Die Unschuld kann überall ihre Sprache sprechen,
ihre Unbefangenheit ist ihre ganze Stärke.

LIENHARD (zu Grisler) Erkennt doch wieder, Herr, in der
Tochter Tells　1235
die Frechheit ihres Vaters, seinen sträflichen Stolz!

HEDWIG (zu Grisler) Ich komm' hierher, Herr, mich gefangen zu
geben.
Euer Grimm, sagt man, will mich zu meinem Vater stecken.
Was hab' ich verbrochen? Was hat mein Vater getan?
Kann man uns nur den Schatten einer Schandtat anlasten?　1240

GRISLER Der Vater ist ein Rebell, die Tochter unverschämt,
ach, man weiss, ihr seid eine hitzige Familie.
Tell beleidigt den Staat und Ihr, Hedwig, mein Blut,
er überschätzt seine Kraft und sie ihren Stand.
Ich werde nicht mehr sagen; diese Auskunft wird Euch reichen;　1245
Ihr seid ja nicht dumm; dies muss Euch genügen.

HEDWIG Ich begreife diese Rede, doch ich schäm' mich nicht
des tugendsamen Bandes, das mich mit Adolf verknüpft.
Ich verhehle Euch nicht, dass er in seiner Treue
mir hundertmal auf ewig Liebe geschworen hat.　1250

Mais aprenés Seigneur ! que mon cœur combattu
Enfin n'a fuccombé qu'à fa feule vertu.
Dans tous nos entretiens aux yeux de l'innocence
La pudeur a fauvé jufques à l'apparence.
La pourpre du berceau ni l'eclat des ayeux   1255
Ne rendroient point Adolphe eftimable à mes yeux.
Son amitié fans fard & fon cœur magnanime
Ont allumé pour lui mon amour, mon eftime.
Et quand même mon pere au fien cede le pas,
Adolphe en m'epoufant ne defcend pas fi bas.   1260
Sous le fceptre de Grisler, un dur joug qui nous preffe
On voit en bien d'endroits labourer la nobleffe;
Par un fort malheureux fi c'eft là notre état
Nos ancêtres Seigneurs n'étoient pas fans éclat.
La famille des Tells a produit des grands hommes   1265
Même ils font encor grands dans le fiecle où nous fommes,
Du moins fi la vertu donne la qualité.

LEINHARD Entendez vous, Seigneur ! ce difcours effronté ?

GRISLER Qu'on n'interrompe point la douleur qui l'infpire

Je veux entendre tout.

EDWIGE   Seigneur ! je vais tout dire.   1270
Du crime de mon pere inftruite en ce moment
Je ne vois point matiere à l'emprifonnement,
Pour n'avoir pas commis une baffeffe infame,
Dont le feul fouvenir me revolte en mon ame;
Saluer un chapeau !... L'efclave le plus vil   1275
Sans fremir dans fon cœur, Seigneur, le pourroit-il ?
Faut-il que pour cela mon pere, un honnête homme
Vienne abattre d'un trait de ma tête une pomme ?
Helas ! vous efperez que fa tremblante main
Pourroit d'un coup mortel me tranfperçer le fein,   1280
Et lui même etouffer dans fa douleur amere,
Vous voudriez voir perir notre famille entiere.
Pourquoi vous deguifer ? ordonnez fans detour
Qu'on verfe notre fang à tous deux en ce jour.

Doch nehmt zur Kenntnis, Herr, dass mein umkämpftes Herz
schliesslich allein seiner Tugend erlegen ist.
In all unsern Gesprächen hat in den Augen der
Unschuld die Scham sogar den äussern Schein gewahrt.
Nicht der Purpur der Wiege, auch nicht der Ahnen Glanz   1255
würden in meinen Augen Adolf achtbar machen.
Seine Freundschaft ohne Falsch, sein edelmütiges Herz
haben für ihn meine Liebe und Achtung entflammt.
Und wenn auch mein Vater dem seinen den Vorrang lässt,
steigt Adolf, heiratet er mich, nicht so tief hinab.   1260
Unter dem Szepter Grislers, einem Joch, das hart uns drückt,
sieht man an vielen Orten den Adel Äcker pflügen.
Ein trauriges Schicksal bracht' uns in diese Lage,
unsre Vorfahren waren Herren nicht ohne Glanz.
Dem Geschlecht der Tells entstammen grosse Männer,   1265
ja sie sind noch gross in unserem Jahrhundert,
zumindest, wenn die Tugend die Bewertung bestimmt.

LIENHARD Hört Ihr, Herr, diese unverschämte Rede?

GRISLER Man unterbreche nicht den Schmerz, der sie zum
          Reden bringt!
          Ich will alles hören!

HEDWIG   Herr, ich will alles sagen.   1270
Vom Verbrechen meines Vaters hört' ich eben jetzt;
ich seh' keinen Grund, ihn in Haft zu nehmen,
nur weil er keine Schändlichkeit beging,
die, wenn ich nur dran denke, schon mein Herz empört.
Einen Hut grüssen! ... Könnt' der gemeinste Sklave,   1275
ohne in seinem Herzen zu erschauern, Herr, so etwas tun?
Muss dafür mein Vater, ein ehrenwerter Mann,
mit einem Pfeil von meinem Haupt einen Apfel schiessen?
O weh, Ihr hofft, dass seine zitternde Hand mir mit
einem tödlichen Schuss die Brust durchbohren könnte,   1280
und dass er selber erstickt in seinem bittern Schmerz.
Ihr möchtet unsre ganze Familie zugrunde gehen sehn!
Warum verstellt Ihr Euch? Befehlt ohne Umschweife,
dass man unser beider Blut noch heut vergiesse!

Car avant que fur moi votre arrêt s'execute   1285
Je me verrai peut-être mille morts en bute;
Pour en reçevoir une, o ciel ! j'en craindrai cent ?
Ma mortelle frayeur va glacer tout mon fang.
Mon pere & moi ! Seigneur ! nous mourrons
     dans ces craintes !
Que nos cœurs vont fouffrir de cruelles atteintes !   1290
Chaque flêche en partant dechirera le fien
Au rifque de frapper du même coup le mien.
Rendés vous à mes vœux, rendés vous à mes larmes
Même à tout le public epargnés des allarmes.
Jufte ciel ! quelle horreur ! Dans les murs du chateau   1295
Mon pere fera-t-il aujourd'hui mon bourreau ?
Il ne fe peut Seigneur, qu'à ce nouveau fupplice
Le peuple fpectateur en fecret ne fremiffe.
Je me jette à vos pieds. Ah ! mon cœur attendri

Ne peut-il adoucir le votre trop aigri ?   1300

GRISLER   Mon honneur eft bleffé, vous perdés vos paroles
Le fceptre n'admet point des raifons fi frivoles;
Qui pretend gouverner en toute fureté,
Doit regir fes états avec feverité.
Il faut que chaque jour d'une bonne regence   1305
Eclate en quelque trait de la haute puiffance
Et qui pretend briller dans le fombre avenir
Meprifé d'un fujet, doit ofer le punir.

EDWIGE   C'eft ainfi qu'un tiran fur l'aile de l'hiftoire
Pour fa honte fe place au temple de memoire;   1310
Et le peuple foulé doit auffi tout ofer
Lorfqu'au lieu de regir on veut tirannifer.

GRISLER   De la fille de Tell l'infolente eloquence
Et d'elle & de fon pere aggrave encor l'offenfe;
Gardes, ammenés la ! Qu'on la mette en prifon   1315
Jufqu'à ce que tantôt je m'en faffe raifon.

Doch ehe man Euer Urteil gegen mich vollstreckt,   1285
werd' ich mich vielleicht tausend Toden ausgesetzt sehn.
Um einen zu erfahren, Himmel, werd' ich hundert fürchten?
Mein tödlicher Schrecken wird all mein Blut vereisen.
Mein Vater und ich, Herr, wir sterben mit dieser Angst!

Wie werden unsre Herzen grausame Wunden erleiden!   1290
Jeder Pfeil, der fortfliegt, wird das seine zerreissen,
weil die Gefahr droht, zugleich das meine zu treffen.
Erhört meine Wünsche, beugt Euch meinen Tränen,
sogar dem ganzen Volk erspart Schrecken und Furcht!
Gerechter Himmel! Wie entsetzlich! In den Mauern   1295
der Burg wird mein Vater heute mein Henker sein?
Es kann nicht sein, Herr, dass diese neue Peinigung
das Volk, das Zeuge ist, nicht heimlich schaudern lässt.
Ich werf' mich Euch zu Füssen. Ach, kann mein gerührtes
     Herz
nicht Eures milde stimmen, das zu erbittert ist?   1300

GRISLER Meine Ehre ist verletzt, Ihr verschwendet Eure Worte,
nie lässt die Macht solch leichtfertige Gründe zu.
Wer in Anspruch nimmt, ungefährdet zu regieren,
muss seine Staaten mit aller Strenge lenken.
Jeden Tag soll die hohe Macht einer guten Herrschaft   1305
auf irgendwelche Weise sich bemerkbar machen,
und wer in der düstern Zukunft glänzen möchte,
muss einen Untertanen, der ihn kränkt, zu strafen wagen.

HEDWIG So also findet ein Tyrann auf den Flügeln der Geschichte
zu seiner Schande Eingang in die Ruhmeshalle!   1310
So muss das getret'ne Volk auch alles wagen,
wenn man es statt regieren unterdrücken will!

GRISLER Die frech geölte Zunge der Tochter Tells verschlimmert
noch die Beleidigung durch sie und ihren Vater.
Wachen, führt sie ab! Man stecke sie ins Gefängnis,   1315
bis ich mit mir darüber ins reine gekommen bin.

SCENE II

GRISLER, LEINHARD

GRISLER Que fens- je ? jufte ciel ! Quelle fubtile flame !
    Quel trouble dans mon cœur ! Quel défordre dans mon ame !
    Quoi ! faut-il que l'afpect d'une fiere beauté
    Puiffe allumer ces feux dans mon fein agité ?   1320
    Ah ! puiffent les glaçons de ma lente vieilleffe
    Etouffer dans mon cœur cette indigne foibleffe !
    Venés me fecourir, fouveraine raifon !
    Arrachés à l'amour fon funefte tifon !
    J'ai honte de moi même, ami ! je vous l'avoue,   1325
    Mon cœur fe rend captif, l'efprit le défavoue;
    D'Adolphe en cet inftant le pere & le rival
    J'abhorre fon amour & fuis fon pas fatal.
    Soutenez moi Leinhard ! d'un confeil fecourable
    Diffipez à mes yeux cette erreur déplorable;   1330
    Edwige m'a frappé d'un appas fuborneur.

LEINHARD Seigneur, de ce païs vous êtes Gouverneur !
    Eh quoi ! vous defcendriez du faite de la gloire
    Pour ceder à l'amour le pas & la victoire.
    Que devient aujourd'hui cette heureufe fierté   1335
    Qui retient dans les fers l'Helvetien domté ?
    La noble ambition n'a-t-elle pas la force
    D'eviter de l'amour l'humiliante amorce ?
    Et la raifon d'état par ce coup aux abois
    Perd-elle en votre cœur fon credit & fa voix ?   1340
    Il faut en convenir, Edwige eft jeune & belle,
    Mais elle eft prifonniere, & fille d'un rebelle.
    Si l'amour vous l'a peinte fi charmante à vos yeux
    La raifon vous fait voir fon pere factieux.
    De votre foible efprit que dira l'Helvetie   1345
    Toute prête de tomber dans la Democratie.
    Si du peuple infolent vous fouffrez un dédain
    De regir ces états vous tenterez en vain.
    Quand du gouvernement la rêne fe relache

SZENE 2

GRISLER, LIENHARD

GRISLER Was spür' ich? Gerechter Himmel! Welch zärtliche Glut!
Wie ist mein Herz verwirrt, meine Seele verstört!
Wie, kann es sein, dass der Anblick einer stolzen Schönheit
in meiner bewegten Brust dieses Feuer entfacht? 1320
Ach, könnten die Eisklumpen meines trägen Alters
in meinem Herzen diese würdelose Schwäche ersticken!
O komm mir zu Hilfe, unfehlbare Vernunft,
entreiss der Liebe ihren unheilvollen Zunder!
Ich schäm' mich meiner, Freund, ich muss es Euch gestehn, 1325
mein Herz gibt sich gefangen, der Verstand missbilligt es.
Als Adolfs Vater und Rivale in diesem Augenblick,
veracht' ich seine Liebe und folg' seiner Unglücksspur.
Steht mir bei, Lienhard, mit einem hilfreichen Rat!
Verscheucht aus meinen Augen diesen jämmerlichen Irrtum; 1330
Hedwig hat mich berückt mit verführerischem Reiz!

LIENHARD Herr, über dieses Land seid Ihr als Vogt gesetzt!
Ihr würdet vom Gipfel Eures Ruhmes steigen,
um der Liebe den Vortritt und den Sieg zu lassen?
Was soll heut aus diesem glücklichen Stolz werden, 1335
der den Schweizer in Eisenbanden gezähmt hält?
Hat der edelmütige Ehrgeiz nicht die Kraft, dem
erniedrigenden Köder der Liebe zu entgehn?
Verliert das Interesse des Staats in Eurem Herzen
durch diesen fatalen Schlag seinen Einfluss, seine Stimme? 1340
Zugegeben, Hedwig ist eine junge Schönheit,
doch ist sie Gefang'ne und Tochter eines Rebellen.
Hat die Liebe sie Euch so entzückend gemalt,
zeigt Euch die Vernunft ihren Vater, den Empörer.
Was wird die Schweiz von Eurem schwachen Charakter halten, 1345
die auf dem Sprung ist, der Volksherrschaft zu verfallen?
Wenn Ihr vom frechen Volk eine Schmähung erträgt,
wird es nie mehr Euch gelingen, diese Stände zu regieren.
Wenn die Regierung die Zügel erschlaffen lässt,

Fierement auffitôt le fujet vous l'arrache.   1350
A faire executer un jufte chatiment
Il eft bien dangereux d'hefiter un moment.
Le peuple s'enhardit, déja la voix publique
Apelle votre arrêt fentence tirannique.
Contre un feditieux quand l'arrêt eft rendu,   1355
Qui tient ferme eft vainqueur, qui recule eft perdu.
Ofés donc foutenir contre Tell, contre Edwige
Ce que de vous l'état & votre honneur exige.

GRISLER Je reviens à moi même & de nouveau Grisler,
Je braverai l'amour & tout fon feu d'enfer –   1360
Oui Leinhard ! vos raifons ont etouffé ma flame
Et periffe de Tell toute la race infame !
Preparés ce fpectacle à mon cœur affermi
Mais o ciel ! qu'apperçois-je ? Adolphe vient ici.
Il paroit tout troublé.

SCENE III

GRISLER, ADOLPHE, LEINHARD, WERNER

ADOLPHE   Pardonnez mon audace   1365
Seigneur, & de m'entendre accordés moi la grace !
Les ennuis fur le front & la triftefse au cœur

Permettez qu'à vos pieds j'expofe ma douleur.
Si de vous obeïr j'avois eu la puiffance
Je n'aurois pas aimé malgré votre defenfe;   1370
Helas ! j'aurois foumis l'amour à mon devoir,
De vous avoir deplû je fuis au defefpoir.
Mais un aftre puiffant, qui fur moi trop influë
Affervit à l'amour à l'ame irrefoluë;
Edwige une bergere eft mon unique bien,   1375
Sans elle plein d'ennuis le monde ne m'eft rien.
Mais que dis-je d'un aftre ? Edwige eft elle même
Cet aftre fi puiffant; Quiconque la voit, l'aime.

so entreisst sie Euch alsbald kühn der Untertan. 1350
Muss eine gerechte Strafe vollstreckt werden,
ist es sehr gefährlich, auch nur kurz zu zögern.
Das Volk fasst Mut, schon nennt die öffentliche Stimme
Euren Richterspruch «Urteil eines Tyrannen».
Ist gegen einen Aufrührer das Urteil gefällt, 1355
so ist, wer standhält, Sieger, wer weicht, verloren.
Verteidigt also mutig gegen Tell und Hedwig,
was von Euch der Staat und Eure Ehre fordert!

GRISLER Ich komme wieder zu mir, bin von neuem Grisler!
Ich werd' der Liebe trotzen und all ihrer Höllenglut. 1360
Ja, Lienhard, Eure Gründe löschten mein Liebesfeuer.
Tells ganze niederträchtige Sippe komme um!
Rüstet dieses Schauspiel meinem bestärkten Herz!
Doch Himmel, was seh' ich? Adolf kommt hierher!
Er scheint ganz aufgewühlt.

SZENE 3

GRISLER, ADOLF, LIENHARD, WERNER

ADOLF   Verzeiht meine Kühnheit, 1365
Herr, und gewährt mir die Gnade, mich anzuhören!
Erlaubt, dass ich, mit Sorgen auf der Stirn und Traurigkeit
    im Herzen,
zu Euren Füssen meinen Schmerz darlege.
Hätt' ich die Macht gehabt, Euch gehorsam zu sein,
ich hätte nicht geliebt Eurem Verbot zum Trotz. 1370
Ach, ich hätt' vor die Liebe meine Pflicht gestellt,
Euch missfallen zu haben, tut mir unendlich leid.
Doch ein mächtiges Gestirn, das zu stark auf mich wirkt,
unterwarf der Liebe die unentschlossene Seele.
Hedwig, eine Schäferin, ist mein einziges Gut, 1375
ohne sie ist mir die Welt voll Kummer und ein Nichts.
Doch was red' ich von einem Gestirn? Hedwig selber ist
dieses mächtige Gestirn! Wer sie sieht, der liebt sie.

Contre tant de beauté, contre tant de vertu
Votre fils a long-tems, mais envain, combattu.   1380
Ma paſſion n'eſt pas une indigne foibleſſe
Edwige a des ayeux tous brillans de nobleſſe,
Et la robe & l'épée ont revetû des Tells
Dont les noms en ces lieux reſteront immortels.
Si par les coups du ſort mon amante affligée   1385
Paroit de la fortune aujourd'hui negligée,
Si ſon pere eſt reduit à vivre en laboureur;
Rome ſur ces ſillons a fait un Dictateur.
La nobleſſe convient avec l'agriculture,
C'eſt ſans honte qu'on peut ſeconder la nature.   1390
En bon pere, Seigneur ! avouez mes amours,
Par trop d'auſterité ne tranchez point mes jours;
Rendez moi mon Edwige, & mon ame ravie
Aura reçu de vous une ſeconde vie.
Ah laiſſez vous flechir ! que votre cœur emû   1395
Par les larmes d'un fils aujourd'hui ſoit vaincû.
Pour la fille de Tell ſi vous m'accordez grace,
Que pour ſon pere auſſi ma douleur ſatisfaſſe;
Accordez à l'ami, accordez à l'amant,
Ce qu'à votre bonté je demande humblement.   1400

GRISLER Fils deſobeïſſant ! que le ciel en colere
Du néant a produit pour accabler un pere
De quel front oſés vous me tenir ce diſcours ?
Eſt-ce ainſi qu'on s'attaque à l'auteur de ſes jours ?
Envain vous pretendez deſarmer ma juſtice;   1405
Qui pour le crime parle, en devient le complice.
Sachés qu'un Gouverneur d'un droit illimité,
Pourra punir de mort un enfant effronté.
Si le pere à vos yeux devient ſi mepriſable
Craignés le tribunal d'un juge formidable.   1410
Tell, ce traitre m'a fait l'affront le plus ſanglant
Et ſa fille tantôt m'a traité de tiran;
Pour toutes ces horreurs Adolphe s'intereſſe
Et d'un pardon honteux il tente ma foibleſſe.
Voilà les dignes fruits de ſon indigne amour   1415
Dont il oſe en public m'affronter en ce jour.

Gegen so viel Schönheit, gegen so viel Tugend,
hat Euer Sohn zwar lange, doch vergeblich angekämpft.   1380
Meine Leidenschaft ist keine würdelose Schwäche,
alle Ahnen Hedwigs strahlen im Adelsglanz,
Richterkleid und Schwert haben die Tells getragen,
deren Namen hierzuland unsterblich bleiben werden.
Wenn, von des Schicksals Schlägen heimgesucht, meine Liebste   1385
von Fortuna heut stiefmütterlich behandelt scheint,
wenn ihr Vater als Bauer sein Leben fristen muss,
so wisst: auf solchen Fluren hat Rom einen Diktator ernannt.
Adel und Landwirtschaft passen gut zusammen,
keine Schande ist es, der Natur zu dienen.   1390
Als guter Vater, Herr, heisst meine Liebe gut,
zerstört nicht mein Leben durch zu grosse Strenge!
Gebt mir meine Hedwig zurück und meine geraubte Seele
wird von Euch ein zweites Leben empfangen haben.
Ach, lasst Euch erweichen! Euer aufgebrachtes Herz   1395
sei durch die Tränen eines Sohnes heute besiegt!
Wenn Ihr mir für die Tochter Tells Gnade gewährt,
mög' auch für ihren Vater mein Schmerz Genugtuung geben!
Bewilligt doch dem Freund, bewilligt dem Verliebten,
worum ich Eure Güte demütig ersuche!   1400

GRISLER Ungehorsamer Sohn, den der Himmel im Zorn
aus dem Nichts gezeugt hat, einen Vater zu bezwingen!
Mit welcher Frechheit wagt Ihr, vor mir so zu reden?
Tritt man also so gegen seinen Erzeuger auf?
Vergeblich trachtet Ihr, meine Gerechtigkeit zu entwaffnen;   1405
wer für das Verbrechen spricht, der macht sich mitschuldig.
Wisst, dass ein Vogt, dessen Rechte unumschränkt sind,
ein unverschämtes Kind mit dem Tod bestrafen kann.
Wenn der Vater in Euren Augen so verächtlich wird,
fürchtet doch das Gericht eines furchtbaren Richters.   1410
Tell, dieser Verräter, hat mich tödlich beleidigt,
und seine Tochter mich eben Tyrann genannt.
All diese Greuel finden Adolfs Beifall,
er zielt auf meine Schwäche eines schändlichen Gnadenakts.
Solch edle Früchte zeitigt seine unedle Liebe,   1415
die ihn heut erkühnt, mir offen Trotz zu bieten.

Mais quoi ? Fils infolent, aprens à me connoitre,
Au lieu d'un pere doux tu trouves un fier maitre;
Plus ferme qu'un rocher & plus fourd à ta voix
Je reduirai tantôt ton amour aux abois,   1420
Dans l'efpoir de l'hymen, quand ton ame perçée
Verra d'un trait mortel Edwige tranfperçée.
Ciel ! qu'il eft doux pour moi d'aigrir ton defefpoir;
Il faut que tes malheurs t'apprennent ton devoir.

ADOLPHE Ah Seigneur ! votre cœur...

GRISLER   Mon cœur inebranlable   1425
Hait, abhorre, maudit ton amour deteftable.

ADOLPHE Qu'entens-je ? Jufte ciel ! pere denaturé !
Allez, cruel tiran, févir à votre gré,
De fang enyvrés vous, accablés l'innocence,
Faites par l'injuftice eclater la puiffance.   1430
Et d'Edwige & de Tell, ciel ! je le vois, c'eft fait !
Votre haine contre eux leur tient lieu de forfait;
Exercés librement un pouvoir tirannique,
Soyez l'horreur d'un fils, foyez l'horreur publique;
Mais craignés à la fin, que le ciel en courroux   1435
N'epuife fon tonnerre & fes foudres fur vous.

GRISLER A moi, Gardes, à moi ! faififfés ce rebelle,
Qu'il groffiffe en prifon la troupe criminelle.

WERNER Seigneur ! confiderez qu'Adolphe eft votre fils.

GRISLER C'eft le plus dangereux de tous mes ennemis.   1440

WERNER Le defefpoir a mis ce difcours dans fa bouche
Je plains fa paffion, & fa fureur me touche.

GRISLER A vous je le remets, Gardes, ce furieux;
Je ne puis plus fouffrir cet objet à mes yeux.
Qu'on me laiffe ici feul.   1445

Du unverschämter Sohn, lerne mich noch kennen,
statt einen milden Vater findest du einen stolzen Herrn!
Stärker als ein Fels und tauber gegen deine Stimme,
werde ich deiner Liebe bald den Garaus machen,   1420
wenn deine durchbohrte Seele, die die Eh' erhofft,
mit einem tödlichen Pfeil Hedwig durchschossen sieht.
Himmel, welche Wonne, dich Verzweifelten zu reizen!
Es soll dein Unglück dich deine Pflichten lehren!

ADOLF   Ach, Herr, Euer Herz...

GRISLER   Mein unbeugsames Herz   1425
hasst, verabscheut, verflucht deine ekle Liebe.

ADOLF   Was hör' ich? Gerechter Himmel! Entarteter Vater!
Eilt, grausamer Tyrann, willkürlich zu wüten!
Berauscht Euch doch mit Blut, klagt doch die Unschuld an,
lasst die Macht erstrahlen durch Ungerechtigkeit!   1430
Um Hedwig und um Tell ist es, ich seh's, geschehn!
Euer Hass auf sie vergilt ihnen die Untat.
Übt ungebunden eine tyrannische Macht aus,
seid der Schrecken eines Sohns, Schrecken auch des Volks,
doch am Ende fürchtet, dass wutentbrannt der Himmel   1435
über Euch seinen Donner und seine Blitze entlädt!

GRISLER   Zu mir, Wachen, zu mir! Ergreift diesen Rebellen!
Er verstärke im Kerker die Bande der Verbrecher!

WERNER   Herr, so bedenkt doch, dass Adolf Euer Sohn ist!

GRISLER   Das ist der gefährlichste aller meiner Feinde.   1440

WERNER   Die Verzweiflung gab ihm diese Worte in den Mund.
Ich beklage seine Leidenschaft, sein Rasen wühlt mich auf.

GRISLER   Euch, Wachen, übergebe ich diesen Tobenden!
Ich kann seinen Anblick nicht weiter ertragen.
Man lass' mich hier allein!   1445

SCENE IV

GRISLER (feul) Que l'homme a peu de forces à regler fon deftin !

    L'amour remue encor dans mon malheureux fein.
    Mon efprit fuit en vain fa feduifante amorce,
    Tout ne fert qu'à prouver ma foibleffe & fa force
    Ma fierté m'abandonne, & la raifon d'état   1450
    Ne livre à mon amour qu'un bien foible combat.
    Il faut, jeune beauté, que je vous voye encore,
    Et que ma grandeur heurte un ecueil qu'elle abhorre.
    Cedons à notre fort & ne raifonnons plus...
    Mon cœur de ma raifon rend les foins fuperflus.   1455
    De l'empire des fens la puiffance funefte
    M'adoucit un poifon, que ma raifon detefte.
    Holà, Garde, holà.

UN GARDE   Seigneur, qu'ordonnez-vous ?

GRISLER Que l'on m'amene Edwige (à part)
                    Ah que j'en fuis jaloux.

LE GARDE Seigneur, j'y cours.

GRISLER (feul)   Mon cœur ! à ta puiffante flame   1460
    Je remets aujourd'hui l'empire de mon ame.

SCENE V

GRISLER, EDWIGE, GARDES

GRISLER Gardes ! qu'on fe retire... Edwige ! vos deftins
    Par ma pure bonté font encor en vos mains.
    Profités aujourd'hui de ce grand avantage;
    Ma haine ou ma pitié feront votre partage.   1465
    Choififfez donc des deux. Renoncés à mon fils

SZENE 4

GRISLER (allein) Wie schwach ist doch der Mensch, sein
    Geschick zu lenken!
Noch immer gärt die Liebe in meiner betrübten Brust.
Mein Geist flieht vergeblich ihren lockenden Köder,
alles beweist nur meine Schwäche und ihre Kraft.
Mein Stolz kommt mir abhanden und das Staatsinteresse   1450
liefert meiner Liebe nur einen schwachen Kampf.
Ich muss, junge Schönheit, Euch noch einmal sehen!
Meine Hoheit muss auf eine Klippe laufen, die sie hasst.
Weichen wir unserm Los und grübeln wir nicht weiter...
Mein Herz macht die Sorgen meiner Vernunft zunichte.   1455
Die unheilvolle Macht des Reichs der Sinne
versüsst mir ein Gift, das meine Vernunft verabscheut.
He, Wachen, he!

EIN WÄCHTER   Herr, was befehlt Ihr?

GRISLER Man bringe Hedwig her! (beiseite)
                Ach, bin ich eifersüchtig!

DER WÄCHTER Herr, ich renne!

GRISLER (allein)   Mein Herz, deiner wilden Flamme   1460
übergeb' ich heut die Macht über meine Seele.

SZENE 5

GRISLER, HEDWIG, WACHEN

GRISLER Wachen, zieht euch zurück! ... Hedwig, Euer Schicksal
liegt dank meiner reinen Güte noch in Euren Händen.
Zieht heute Nutzen aus diesem grossen Vorteil!
Mein Hass oder mein Mitleid werden Euch zufallen.   1465
Bei Euch liegt nun die Wahl! Verzichtet auf meinen Sohn,

Delivrez votre pere & vous même à ce prix.
Mais fi je parle en vain, fi votre cœur s'obftine
Vous vous repentirez de fon humeur mutine;
Adolphe ne peut pas difpofer de fa main,   1470
Ce chimerique hymen vous eblouït en vain.   ⁄

EDWIGE Un enfant vertueux doit tout fouffrir, tout faire,
Et même par fon fang fauver celui d'un pere;
Vous prétendez, Seigneur ! dechirer ce lien
Dont la vertu joignit le cœur d'Adolphe au mien.   1475
Mais fi je vous faifois ce cruel facrifice,
Songez que votre fils auroit part au fupplice.
Mon cœur trop complaifant à défaire ces nœuds
Peut-il enfin d'Adolphe eteindre auffi les feux ?

GRISLER Un amour defendu fouvent au port echoue   1480
Ces feux font criminels, fi je ne les avoue;
Un enfant vertueux pour les legitimer
Les laiffe par un pere en fon cœur allumer.
Les ans du jugement rafinent la jufteffe;
C'eft à l'experience à guider la jeuneffe,   1485
Dont la fougue toujours prend un mauvais parti
Et rarement fait faire un nœud bien afforti;
Je pretens aujourd'hui par une autre hymenée
Hauffer encor l'eclat de votre deftinée.
Je pretens vous donner un fi brillant epoux.   1490

EDWIGE Seigneur, l'hymen d'Adolphe eft pour moi le plus doux.

GRISLER De votre efprit bouillant bridés l'impatience
Ce refus hazardé me deplait & m'offenfe.
Le pere au lieu du fils d'un change avantageux
Edwige, pourroit-il rendre vos jours heureux ?   1495

EDWIGE Que dites vous, Seigneur ! ciel ! feroit-il poffible ?

GRISLER Vos beaux yeux ont vaincu ma colere invincible
Vous avez defarmé mon honneur & l'état;
Tell eft juftifié de fon grave attentat.

befreit Euren Vater und Euch selbst um diesen Preis!
Doch spreche ich umsonst, verhärtet sich Euer Herz,
dann werdet Ihr seinen Meutergeist bereuen.
Nicht kann Adolf über seine Hand bestimmen, 1470
dies wahnhafte Eheband, es blendet Euch umsonst.

HEDWIG Ein Kind der Tugend muss alles ertragen und tun,
und selbst mit seinem eignen das Blut des Vaters retten.
Ihr masst Euch an, o Herr, das Band zu durchtrennen,
mit dem die Tugend Adolfs Herz an meines schmiedet. 1475
Doch wenn ich Euch dieses grausame Opfer brächte,
bedenkt, das wär' für Euren Sohn die Todesstrafe.
Wär' auch mein Herz bereit, diese Knoten aufzulösen,
könnte es dadurch auch Adolfs Glut auslöschen?

GRISLER Eine verbot'ne Liebe strandet oft im Hafen, 1480
sündhaft ist diese Minne ohne meinen Segen.
Ein tugendsames Kind lässt sie in seinem Herzen,
um sie gültig zu machen, durch den Vater stiften.
Lange Richterjahre läutern die Gerechtigkeit;
Erfahrung ist's, mit der man die Jugend leiten muss; 1485
ihr Überschwang trifft stets eine schlechte Wahl
und weiss nur selten sich passend zu vermählen.
So will ich heute durch eine andre Ehe
den Glanz Eures Schicksals noch heller leuchten lassen:
ich will Euch einen so strahlenden Gatten geben... 1490

HEDWIG Herr! Die Ehe mit Adolf ist mir die liebste.

GRISLER Zügelt die Ungeduld Eurer kochenden Seele!
Euer verweg'nes Nein verdriesst und beleidigt mich.
Könnte statt des Sohnes, Hedwig, mit vorteilhaftem
Tausch der Vater Eure Tage glücklich machen? 1495

HEDWIG Was sagt Ihr, Herr? O Himmel! Hab' ich recht gehört?

GRISLER Euren schönen Augen erlag mein eiserner Grimm.
Ihr habt meine Ehre und den Staat entwaffnet.
Tell ist von seinem schlimmen Anschlag freigesprochen.

Ma main vous elevant vers moi fans repugnance   1500
De mon rang ne fent point au votre la diftance;
Triomphés dans mes bras enfin de vos malheurs !
Que mon fils infolent lui feul verfe des pleurs;
Et que dès cet inftant de mes feux la victime,
Il ne puiffe des fiens plus vous parler fans crime.   1505
(Grisler s'avance vers Edwige à bras ouverts.)

Edwige (fortant un poignard de fa poche)
    Arrête, bouc infame ! ô cieux ! permettez vous ?
    Mais quoi ! vois-tu ce fer prêt à lancer fes coups ?

Grisler Elle m'auroit frapé ! ah cruelle ! ah tigreffe !

Edwige Mon honneur ne craint point ni pourpre ni nobleffe.

Grisler Songez à votre pere, à vous même, à vos jours.   1510

Edwige L'innocence du ciel efpere le fecours.
    Tiran, connois mieux Tell ! ma pudeur immolée
    Feroit fuir de fon fein fon ame defolée;
    Ma vie eft en tes mains, mais non pas mon honneur,
    Tu penfes vainement effrayer un grand cœur.   1515
    Monftre, retire toi ! car ton afpect coupable
    Va paroitre à mes yeux un crime impardonnable.

Grisler Traitreffe ! je te fuis; mais fi par ton arrêt

    Ce jour ne lave point par ton fang ton forfait,
    Ma puiffance faura le rendre affés funefte;   1520
    Le poifon pour le fer achevera le refte.
    Un affront fi fanglant...

Meine Hand erhebt Euch zu mir ohne Sträuben   1500
und fühlt nicht den Abstand meines Standes zu dem Euren.
Bezwingt in meinen Armen endlich Euer Unglück!
Tränen soll allein mein frecher Sohn vergiessen!
Er soll von nun an, als Opfer meiner Liebe,
nicht mehr zu Euch von seiner straflos sprechen können.   1505
(Grisler nähert sich Hedwig mit offenen Armen.)

HEDWIG (zieht einen Dolch aus ihrer Tasche)
Halt, du schändlicher Bock! O Himmel, lasst ihr das zu?
Doch ha! Siehst du dies Eisen, bereit, um zuzustechen?

GRISLER Sie hätte mich durchbohrt! O Grausame, o Tigerin…!

HEDWIG Meine Ehre fürchtet weder Purpur noch Adel.

GRISLER Denkt an Euren Vater, Euch selbst und Euer Leben!   1510

HEDWIG Die Unschuld erwartet, Tyrann, vom Himmel Hilfe.
Lern Tell noch besser kennen! Die Preisgabe meiner Scham
triebe aus seiner Brust seine gramgebeugte Seele.
Mein Leben liegt in deinen Händen, doch nicht meine Ehre,
vergeblich hast du vor, ein grosses Herz zu schrecken.   1515
Ungeheuer, geh weg! Dein sträflicher Anblick
erscheint meinen Augen ein unsühnbarer Frevel.

GRISLER Treulose, ich flieh' dich! Doch wenn nach deinem
            Schuldspruch
dieser Tag deine Untat nicht mit deinem Blute rächt,
so weiss ihn meine Macht recht unheilvoll zu machen.   1520
Das Gift statt des Schwerts wird dann den Rest besorgen.
Eine so bittere Kränkung…

SCENE VI

Grisler, Edwige, Leinhard

Grisler   Vous arrivez, Leinhard,
  Pour voir toute ma honte & pour y prendre part.
  Mon cœur s'eſt abaiſſé juſques à cette ingrate.

Leinhard L'inſolence prend force auſſitôt qu'on la flate.   1525

Edwige La vertu ne peut point écouter des horreurs.

Grisler Mais la puiſſance peut reprimer des fureurs.

Leinhard Le ſceptre fait punir quiconque le mepriſe.

Edwige Un grand cœur fait parler, lorſqu'on le tiranniſe.

Grisler Le maître d'un païs fait ſe faire obeïr   1530
  Et trancher des diſcours qu'il ne doit point ouïr.
  Leinhard ! qu'à ſon cachot Edwige reconduite
  Exhale dans ſes murs la fureur qui l'agite.
  Emmenes la ſoudain.
  (Leinhard s'en va avec Edwige.)

Grisler (ſeul)   Ciel que d'affronts cruels !
  Grisler eſt le mepris de la race des Tells.   1535
  Edwige me dedaigne & ſon pere m'affronte
  En ſecret, en public, je ſuis couvert de honte,
  Ma main eſt refuſée & mon ſceptre foulé,
  Mon honneur eſt perdu, mon pouvoir violé.
  Haine, rage, fureurs ! qui ſaiſiſſez mon ame   1540
  Quel amour cede enfin à votre juſte flame !
  Oui, je te hais, Edwige ! & te hais ſans retour
  L'eſpoir de t'accabler me ſoutient en ce jour.
  La vengeance en mon ſein s'arme pour ton ſupplice;
  Le tort même à mes yeux prend un air de juſtice   1545
  Pourvû que par ſes coups je te pouſſe aux abois.
  Quel plaiſir de te voir mourir plus d'une fois !

SZENE 6

GRISLER, HEDWIG, LIENHARD

GRISLER   Lienhard, lhr kommt, meine
ganze Schmach zu sehen und daran teilzunehmen.
Mein Herz liess sich herab zu dieser Undankbaren.

LIENHARD Die Frechheit erkühnt sich, sobald man ihr schöntut.   1525

HEDWIG Nie leiht Tugend ihr Ohr scheusslichem Begehren.

GRISLER Doch kann die Macht dem Wüten leicht Einhalt gebieten.

LIENHARD Das Szepter weiss zu strafen, wer immer es verachtet.

HEDWIG Ein grosses Herz weiss zu reden, wenn's geknechtet wird.

GRISLER Ein Landesherr weiss, sich Gehorsam zu erzwingen   1530
und Reden abzubrechen, die er nicht hören soll.
Lienhard! In ihr Verlies zurückgebracht, lasse
Hedwig in seinen Mauern ihrem Toben freien Lauf!
Bringt sie sogleich fort!
(Lienhard entfernt sich mit Hedwig.)

GRISLER (allein)   Himmel, wie grausam kränkt man mich.
Grisler wird von der Sippe Tells zum Gespött gemacht.   1535
Hedwig verschmäht und ihr Vater beleidigt mich,
privat und öffentlich bedeckt man mich mit Schmach:
meine Hand wird abgelehnt, mein Szepter wird getreten,
hin ist meine Ehre, meine Macht geschändet.
Hass, Wut und Rasen, die ihr meine Seele ergreift: 1540
Die Liebe weicht zuletzt Eurem gerechten Feuer!
Ja, ich hass' dich, Hedwig, und hasse dich auf immer!
Die Hoffnung, dich zu brechen, stärkt mich am heut'gen Tag.
Die Rache in meiner Brust wappnet sich, dich zu strafen.
Selbst das Unrecht ähnelt, denk' ich, der Gerechtigkeit,   1545
sofern durch seine Schläge ich dich ins Elend stoss'.
Welche Wonne, dich mehr als einmal sterben sehn!

La terreur de la mort mille fois redoublée,
Portera ſes glaçons dans ton ame troublée;
Tu mourras de frayeur avant que d'expirer   1550
Et j'aurai le plaiſir de te voir ſoupirer.
Allons, venez Leinhard...

SCENE VII

ADOLPHE, WERNER

ADOLPHE   Mon pere, un cœur de roche
   A la compaſſion ne laiſſe aucun reproche.
   Prenons notre parti ! que le peuple animé
   Par nous ſecretement aujourd'hui ſoit armé;   1555
   Secondons mes amours, delivrons l'Helvetie
   Et l'un & l'autre hait l'affreuſe tirannie.

WERNER Quel charme de vous voir en ces nobles deſſeins !
   Werner avec ardeur y prêtera les mains.
   Depuis long-tems déja dans mes charges auliques,   1560
   Mon cœur a deteſté ces rages politiques
   Dont Grisler a deçu ce malheureux païs;
   Je n'aurois point oſé m'en ouvrir à ſon fils;
   Mais puiſqu'enfin je vois que ſon cœur magnanime
   Ne veut point ſoutenir la main qui nous opprime,   1565
   Que ſon amour d'accord avec nos libertés
   Veut ſauver l'Helvetie & ſes peuples domtés;
   Je vous dirai Seigneur ! que ma chere patrie
   Depuis long-tems nourrit ſa ſecrete furie,
   Et qu'un orage affreux formé depuis long-tems   1570
   Doit éclater bientôt par des coups terraſſans;
   Et dans divers endroits ces differens reſſorts
   Vont, jouant à la fois redoubler leurs efforts:
   Underwalde, Ury, Schwitz brulant d'impatience
   De ravaler partout l'orgeuil qui les offenſe,   1575
   D'extirper ce prefet cruel, imperieux

Der Schrecken des Todes, tausendmal verstärkt, wird
deine verstörte Seele zu Eis erstarren lassen.
Du wirst vor Angst sterben, eh' deine Seele verhaucht,   1550
und ich werd' mit Lust dich seufzen und stöhnen sehn!
Los, kommt Lienhard...

SZENE 7

ADOLF, WERNER

ADOLF   Mein Vater, mit seinem Herz von Stein,
gestattet dem Mitleid nicht den geringsten Tadel.
Ergreifen wir Partei! Das ermutigte Volk
soll noch heute durch uns geheim bewaffnet werden!   1555
Helfen wir meiner Liebsten, befreien wir die Schweiz,
hassen beide doch die entsetzliche Tyrannei!

WERNER Wie wunderbar zu sehn, dass Ihr so Edles plant!
Werner wird Euch begeistert Beistand leisten.
Schon lange hat mein Herz in meinem Dienst am Hof   1560
das Rasen dieses Staats gehasst,
mit dem Grisler dieses geschlag'ne Land enttäuscht hat.
Nie hätte ich gewagt, mich seinem Sohn zu eröffnen;
doch da ich endlich sehe, dass sein hochgemutes Herz
die Hand, die uns knechtet, nicht unterstützen will,   1565
dass seine Liebe, die unsrer Freiheit zugetan,
die Schweiz und ihre bezwung'nen Völker retten will,
so werd' ich, Herr, Euch sagen: Mein liebes Vaterland
nährt schon lange in sich eine geheime Wut,
und ein furchtbarer Sturm, der seit langem aufzieht,   1570
muss bald losbrechen mit niederschmetternden Schlägen.
An mancherlei Orten werden diese verschiedenen
Kräfte gleichzeitig ihre Anstrengungen verdoppeln:
Uri, Schwyz und Unterwalden brennen darauf,
überall den Stolz, der sie verletzt, zu brechen   1575
und diesen grausamen, herrischen Vogt aus dem Weg zu
räumen,

Qui n'eſt pour ſes ſujets qu'un tiran odieux;
Déja leur bras levé pour venger la patrie
Vont fraper en tout lieu l'affreuſe tirannie.
La liberté par tout anime les eſprits   1580
Et s'offre dans nos cœurs elle même pour prix.

Adolphe Ciel, qu'entens-je ! & mon pere...

Werner   En ce juſte carnage
Il n'aſſouvira point de ſes ſujets la rage;
De leurs reſſentimens je guiderai le cours
Et ſauverai la vie à l'auteur de vos jours.   1585
Déja nous avons eu diverſes aſſemblées
Sous les yeux du ſecret, & de ſon ſçeau, ſçellées
Où Tell a préſidé. Que ne nous a-t-il dit ?
Quel digne homme ce Tell ! quel grand cœur, quel eſprit !
Allons, Seigneur ! allons en ce moment enſemble   1590
Voir encor nos Heros, que ce deſſein raſſemble.

Adolphe Quittons ces lieux; on vient. C'eſt mon pere &
   Leinhard.
Allons ! hâtons nos pas.

SCENE VIII

Grisler, Leinhard

Grisler   Non, ce n'eſt point trop tard !
Je puis encor changer, ſi je veux, ma ſentence.

Leinhard Seigneur ! ordonnez donc, pour punir cette offenſe,   1595
Que Tell ne ſoit muni que d'un unique trait
Et s'il manque ſon coup, qu'il paye ſon forfait,
Sans grace, de ſa tête.

Grisler   Il me ſembloit moi même.

der seinen Untertanen nur ein verhasster Tyrann ist.
Schon hebt sich ihr Arm, das Vaterland zu rächen,
bereit, überall die Schreckensherrschaft zu schlagen.
Die Freiheit beflügelt allerorts die Geister   1580
und stellt sich in unsern Herzen selber dar als Preis.

ADOLF Himmel, was hör' ich? Und mein Vater...

WERNER   In diesem gerechten Blutbad
wird er die Weissglut seiner Untertanen nicht kühlen.
Denn ihre Rachegefühle werd' ich zügeln
und so das Leben Eures Vaters dem Tod entreissen.   1585
Schon manche Versammlung haben wir abgehalten
unter dem gestrengen Siegel der Verschwiegenheit,
wo Tell den Vorsitz führte. Was hat er uns alles gesagt!
Welch würdiger Mann, dieser Tell! Wie mutig, wie klug!
Gehn wir, Herr, gehn wir, um sogleich miteinander   1590
unsre Helden zu sehn, die dieser Plan versammelt.

ADOLF Weg von diesem Ort! Man kommt. Es ist mein Vater
        und Lienhard!
        Los! Beeilen wir uns!

SZENE 8

GRISLER, LIENHARD

GRISLER   Nein, es ist nicht zu spät!
        Noch kann ich, wenn ich will, meinen Richterspruch ändern.

LIENHARD Herr, befehlt doch, um diese Kränkung zu bestrafen,   1595
        dass Tell nur mit e i n e m Pfeil ausgerüstet wird,
        und, schiesst er daneben, gnadenlos sein Verbrechen
        mit seinem Kopf bezahlt.

GRISLER   So schien's mir selber richtig.

ACTE V

SCENE I

ROSINE, EDWIGE

ROSINE Où trouver mon amie ? O ciel ! tout ce chateau
          Me prefente aujourd'hui les horreurs du tombeau   1600
          De morts & de mourants une foule fanglante
          A mon paffage ici m'a rempli d'epouvante.
          O jour fouillé de fang ! O jour tumultueux !
          Que ton flambeau reluit fur un fpectacle affreux !
          Enfin je vois Edwige ... Ah ! ah ma tendre amie !   1605
          Mon cœur eft animé d'une nouvelle vie.
          Vous vivés, je vous vois, & notre affreux tiran
          N'a donc pas pu tremper fes mains dans votre fang.
          Le ciel pour l'innocence aujourd'hui fe declare
          D'avoir fait avorter un deffein fi barbare.   1610
          Dites moi vos dangers; je n'en ai plus d'horreur;
          En ce qu'ils font paffés ils plaifent à mon cœur.
          Dans ces murs tout fanglans je n'étois point préfente
          A peine refpirois-je encor quoique abfente;
          Chez moi reclufe & trifte & les larmes aux yeux   1615
          Pour votre pere & vous je m'epuifois en vœux.

EDWIGE Ah Rofine ! aujourd'hui de hazards entourée
          Je me croyois de vous à jamais feparée;
          Les ombres du trepas voltigoient à mes yeux,
          J'ai crû de voir la fin de mes jours malheureux.   1620
          Vous favez de Grisler la cruelle fentence,
          Et de mon pere auffi la chimerique offenfe;
          Sur ma tête une pomme en but à tous les traits,
          Dont mon pere devoit expier fes forfaits
          Dans la cour du chateau, vers ce tilleul antique   1625
          Rofine ! on m'a plaçé en victime publique;
          Mon pere loin de moi, fon meilleur arc en main
          En depit de Grisler & fon œil inhumain

V. AKT

SZENE 1

ROSINE, HEDWIG

ROSINE Wo find' ich meine Freundin? O Himmel! Die ganze Burg
stellt mir heute die Schrecken des Grabes vor Augen.   1600
Eine blutige Masse Toter und Sterbender
hat mich auf meinem Weg hierher mit Grauen erfüllt.
O Tag, befleckt mit Blut! O lärmdurchtoster Tag!
Wie dein Licht erstrahlt über diesem Greuelbild!
Endlich erblick' ich Hedwig... O meine liebe Freundin!   1605
In meinem Herzen blüht ein neues Leben auf.
Ihr lebt, ich seh' es, und unser furchtbarer Tyrann
konnt' also nicht mit Eurem Blut seine Hand besudeln.
Der Unschuld zuliebe, erklärt der Himmel heute,
habe er einen so grausamen Plan vereitelt.   1610
Schildert Eure Gefahren, sie schrecken mich nicht mehr,
sind sie überstanden, entzücken sie mein Herz.
In diesen bluttriefenden Mauern war ich nicht zugegen,
und war ich auch abwesend, konnte ich kaum mehr atmen.
Zu Hause eingesperrt, weinte ich tiefbetrübt,   1615
und für Tell und Euch erschöpfte ich mich in Wünschen.

HEDWIG Ach, Rosine! Von Gefahren heut umzingelt,
glaubte ich, ich sei für immer von Euch getrennt.
Ich sah des Todes Schatten vor meinen Augen flattern
und hielt das Ende meines unseligen Lebens für gekommen.   1620
Ihr kennt Grislers grausamen Richterspruch
und auch meines Vaters wunderliche Strafe.
Auf meinem Haupt ein Apfel, allen Pfeilen zum Ziel:
So sollte mein Vater seine Schandtaten büssen;
in den Hof der Burg, nah der alten Linde,   1625
wurde ich als öffentliches Schlachtopfer gestellt.
Mein Vater, fern von mir, seinen besten Bogen
in der Hand, zielt gut, Grislers unmenschlichem Blick zum
    Trotz,

Ajufte bien & dit: «Grand Dieu ! que ta puiffance
«Des vœux de mon tiran préferve l'innocence !   1630
Il tire, le trait part, j'entends fon fifflement,
Et la pomme fur moi s'abat en ce moment;
Tout le peuple affemblé pouffe des cris de joye
Le feul cœur de Grisler au chagrin tombe en proye;
Il s'addreffe à mon pere & lui dit: Malheureux !   1635
Dis-moi pourquoi de traits en avois – tu pris deux ?
A ces mots fierement mon pere lui replique:
Tiran, fur ces deux traits veux-tu que je m'explique ?
Si j'euffe du premier fait ruiffeler mon fang,
Je ne m'en cache point, l'autre étoit dans ton flanc.   1640
A cet aveu Grisler furieux de colere
De nouveau fait charger de fes chaines mon pere;
Le remet en main forte & l'ammene avec lui;
En partant il ordonne à Leinhard fon appuy
De m'enfermer encor comme une criminelle   1645
Pour extirper, dit-il, cette race rebelle.
Mon pere dans les fers me tend emû la main,
On m'arrache à fes bras, il s'en recrie en vain;
Entouré de foldats il fuit fa deftinée,
On derobe fa vuë à fa fille etonnée,   1650
Mais que dis-je etonnée ? Ah ! j'étois aux abois,
Les pleurs & les fanglots m'entrecoupoient la voix;
En ce moment Leinhard apprehendant ma fuite
Dans mon trifte cachot m'a foudain reconduite
Mais à peine me vois-je un inftant en prifon   1655
Que Leinhard fort, revient & m'offre un noir poifon;
Edwige, me dit-il, avalés ce breuvage,
Et jugés fi Grisler fait punir qui l'outrage,
Les yeux au ciel je prens la coupe de fa main
Mais un tumulte affreux nous a frapé foudain.   1660
Des coups, des cris perçans, le cliquetis des armes
Ont rempli mon bourreau des plus vives allarmes,
Il s'enfuit eperdu; mais à mes yeux encor
Adolphe d'un grand coup a terminé fon fort.
Il s'avance vers moi tenant au poing l'epée   1665
Dans le fang de Leinhard en ce moment trempée,
« Edwige ! m'a-t-il dit, la victoire eft à nous,

und sagt: «Grosser Gott, Deine Macht
schütze die Unschuld vor den Wünschen meines Tyrannen!»　1630
Er schiesst, der Pfeil schwirrt, ich höre ihn sausen,
und augenblicklich fällt der Apfel von meinem Haupt.
Das ganze Volk im Rund stösst Freudenschreie aus;
allein das Herz Grislers erregt sich fürchterlich.
Zu meinem Vater gewandt, sagt er: «Unglücklicher,　1635
sag mir, warum du zwei Pfeile genommen hattest!»
Auf diese Frage erwidert mein Vater kühn:
«Willst du, dass ich offen, Tyrann, darüber rede?
Hätte ich mit dem ersten Hedwigs Haut auch nur geritzt,
der zweite, ich verhehl' es nicht, hätte dich durchbohrt.»　1640
Dieses Geständnis macht Grisler rasend vor Zorn;
von neuem lässt er meinen Vater in Ketten legen,
übergibt ihn starker Hand und nimmt ihn mit sich.
Im Gehen weist er Lienhard, seine Stütze, an,
mich nochmals einzusperren wie eine Verbrecherin,　1645
um dies Rebellengeschlecht, sagt er, auszurotten.
Mein gefesselter Vater streckt mir bewegt die Hand hin,
man entreisst mich seinen Armen, nichts nützt sein Protest.
Inmitten von Soldaten folgt er seinem Schicksal.
Man entzieht seinen Anblick seiner bestürzten Tochter.　1650
Doch was sag' ich «bestürzt»? Ich war dem Tode nahe,
Tränen und Schluchzen erstickten mir die Stimme.
Weil Lienhard fürchtete, ich könnte fliehen, hat er
mich nun plötzlich in mein trauriges Verlies zurückgebracht.
Doch kaum seh' ich mich einen Augenblick im Kerker,　1655
geht Lienhard hinaus, kommt wieder und reicht mir ein Gift.
«Hedwig», sagt er zu mir, «schluckt diesen schwarzen Trank
und urteilt dann, ob Grisler Kränkungen zu strafen weiss!»
Gottbefohlen nehm' ich den Becher aus seiner Hand,
doch entsetzlicher Lärm drang plötzlich zu uns herein.　1660
Schläge, durchdringende Schreie und Waffengeklirr
erfüllten meinen Henker mit heftigster Bestürzung,
und er floh verstört; doch noch vor meinen Augen
hat Adolf zugestochen und ihn ausgelöscht.
Er kommt auf mich zu, das Schwert in seiner Faust,　1665
das in diesem Augenblick vom Blute Lienhards trieft.
«Hedwig», sagte er zu mir, «uns gehört der Sieg!

« Bien de nos ennemis ſont tombés ſous nos coups;
« Sortés de la priſon avec moi triomphante
« Et reçevez ma main quoique encor ſanglante;   1670
« Commandés au chateau, tout y vous doit ſervir;
« Adolphe le premier viendra vous obeïr;
« Voilà deux cens ſoldats que je vous abandonne,
« Moins gardes du chateau, que de votre perſonne.
« Mais il faut achever la victoire en ce jour;   1675
« La liberté m'appelle & m'arrache à l'amour.
A ces mots il me quitte. Ah ma plus tendre amie !
Je riſque encor d'un pere & d'un amant la vie.
Ne m'abandonnés point dans mes triſtes accès.

ROSINE Raſſurés vous, Edwige ! eſperés des ſuccès,   1680
Vous avez vu du ciel le bras qui vous protege,
Portés avec conſtance un faix qu'il vous allege.
Adolphe en ſes hauts faits ne manque point d'appuy
Sa valeur le ſoutient, tout le peuple eſt pour lui.
Juſqu'à ce que le fort à nos yeux ſe demêle,   1685
Je demeure avec vous en compagne fidele.

EDWIGE De revenir céans Adolphe m'a promis,
Avant que de courir après les ennemis,
Mais je l'attends en vain, & mon impatience...

ROSINE Vers nous avec Werner je le vois, qui s'avance.   1690

SCENE II

ROSINE, EDWIGE, WERNER, ADOLPHE, TROUPE D'HELVETIENS,
PAGES

WERNER Edwige eſt libre enfin. Mais ciel ! qu'avons-nous fait
Tandis que le tiran n'eſt point auſſi defait,
Tandis qu'entre les mains de ſes noirs ſatellites
Tell eſt encor chargé de ſes chaines maudites ?
Laiſſerons-nous perir ce guerrier, ce heros ?   1695

Viele Feinde fielen unter unsern Hieben.
Verlasst dieses Kerkerloch im Triumph mit mir
und fasst meine immer noch blutgetränkte Hand!   1670
Gebietet auf der Burg, alles muss Euch dienen,
Adolf wird als erster Euch Gehorsam leisten.
Hier zweihundert Soldaten, die ich Euch zurücklasse,
weniger als Wächter der Burg, denn zu Eurem Schutz.
Doch wir müssen den Sieg an diesem Tag vollenden!   1675
Die Freiheit ruft mich und reisst mich von der Liebe los.»
Mit diesen Worten geht er. Ach, liebste Freundin!
Ich setz' noch Vaters Leben und das meines Liebsten aufs Spiel!
Verlasst mich nicht in meinen düstern Anwandlungen!

ROSINE Beruhigt Euch doch, Hedwig! Hofft auf gutes Gelingen!   1680
Ihr habt den Arm des Himmels gesehn, der Euch beschützt,
tragt standhaft eine Last, die er Euch erleichtert.
Adolf, der grosse Held, findet immer Hilfe,
sein Mut gibt ihm Kraft, das ganze Volk will ihm wohl.
Bis sich das Schicksal vor unsern Augen entwirrt,   1685
bleibe ich bei Euch als treue Begleiterin.

HEDWIG Adolf hat mir versprochen, hierher zurückzukommen,
ehe er sich auf die Verfolgung der Feinde macht.
Doch ich warte vergeblich, und meine Ungeduld...

ROSINE Da seh' ich ihn mit Werner sich uns beiden nähern.   1690

SZENE 2

ROSINE, HEDWIG, WERNER, ADOLF, TRUPPEN DER SCHWEIZER,
BOTEN

WERNER Hedwig ist endlich frei! Doch was haben wir gemacht,
während der Tyrann nicht auch vertrieben worden ist,
während in den Händen seiner finstern Schergen
Tell noch immer in seinen verfluchten Ketten steckt?
Lassen wir diesen Krieger, diesen Helden umkommen,   1695

Le bras de nos exploits, l'ame de nos complots;
Laifferons-nous perir l'auteur des jours d'Edwige ?
Qu'en penfés-vous Seigneur ? Quoi ! votre cœur s'afflige ?

Adolphe L'amour a fon pouvoir, la nature a fes loix
   L'un & l'autre foutient avec rigueur fes droits.   1700
   De Tell avec chaleur j'embraffe la defenfe;
   Mais puis-je me fouftraire à cette obeiffance
   Que je dois à mon pere ? Oferois-je aujourd'hui
   Me declarer partout fon cruel ennemi ?
   De l'amour il connoit la fureur infenfée,   1705
   Il peut me pardonner cette prifon forçée,
   Quoiqu'un grand attentat; mais fi je vais plus loin
   C'eft un crime d'état, qui ne fe remet point.

Werner Et nos deffeins, Seigneur ! d'affranchir l'Helvetie
   Tous nos amis deçus, la liberté trahie ?   1710

Adolphe Ah ! ne m'accablez point d'un reproche odieux
   Je ne refufe point mon fecours ferieux;
   Oublier fes fermens c'eft un trop affreux crime
   La même ardeur encor pour nos deffeins m'anime.
   Mais Adolphe peut-il aller perçer le flanc   1715
   Dans le quel ma nature a puifé tout mon fang ?
   Un fils pourroit-il bien attaquer la banniere
   Dont les rangs à fon fer oppoferoient un pere ?
   Non, non, Werner ! allés, commandés nos amis,
   Mais fongés que mon pere eft de nos ennemis;   1720
   Combattez fes foldats, mais menagez fa vie
   La gloire vous attend, delivrez l'Helvetie.

Werner Ces fentimens Seigneur ! font d'un fils vertueux
   J'aurai foin d'obeïr & d'accomplir vos vœux,
   Guerriers ! partons foudain. `

Un Helvetien   Par tout pour la victoire   1725
   La mort ou des lauriers, tout nous mène à la gloire.
   Que tout Helvetien tienne pour infecté
   Le fang, qui fe refufe à notre liberté.

den Kopf unsrer Taten, das Herz unsrer Verschwörung?
Lassen wir den Vater Hedwigs zugrunde gehen?
Was denkt Ihr darüber, Herr? Was, Ihr seid betroffen?

ADOLF Liebe hat ihre Macht, Natur ihre Gesetze,
die eine wie die andre verficht streng ihre Rechte.   1700
Mit Eifer betreibe ich Tells Verteidigung,
doch kann ich mich dem Gehorsam entzieh'n, den ich
meinem Vater schulde? Würd' ich es heute wagen,
mich überall als seinen Erzfeind zu erklären?
Er kennt die wahnsinnige Raserei der Liebe,   1705
er kann mir vergeben, dass ich den Kerker erbrach,
so schlimm der Anschlag war; doch gehe ich noch weiter,
ist es ein Staatsverbrechen, das unverzeihlich ist.

WERNER Und unsre Pläne, Herr, die Schweiz zu befreien?
All unsre enttäuschten Freunde? Die verrat'ne Freiheit?   1710

ADOLF Nein, überhäuft mich nicht mit gehässigem Tadel!
Ich verweig're meine ehrliche Hilfe nicht.
Seine Schwüre vergessen: ein furchtbares Verbrechen!
Unsre Pläne begeistern mich noch immer gleich.
Doch kann Adolf hingehn, die Weichen zu durchbohren,   1715
aus denen seine Natur all ihr Blut geschöpft hat?
Könnte ein Sohn wohl ein Heer angreifen, dessen
Reihen seinem Schwert einen Vater entgegenstellten?
Nein, Werner, nein! Geht und befehligt unsre Freunde,
doch bedenkt, mein Vater gehört zu unsern Feinden!   1720
Bekämpft seine Soldaten, doch schont dabei sein Leben!
Der Ruhm erwartet euch, befreit das Schweizerland!

WERNER Diese Ansichten, Herr, sprechen für Eure Sohnesliebe.
Gehorsam und Erfüllung Eurer Wünsche sei mein Ziel!
Krieger! Brechen wir gleich auf...

EIN SCHWEIZER   überallhin für den Sieg,   1725
Tod oder Lorbeerkranz! Alles führt uns zum Ruhm!
Jeder Schweizer halte für vergiftet
das Blut, das sich unserm Drang nach Freiheit widersetzt!

ADOLPHE Pages ! fuivez Werner, & d'une courfe promte

De fes heureux exploits venés me rendre compte.   1730

SCENE III

ADOLPHE, EDWIGE, ROSINE

ADOLPHE Madame ! enfin voici notre fort declaré;
          Je puis de mon amour vous parler à mon gré,
          Et nos feux ne font plus dans l'affreufe contrainte
          Où les tenoit captifs d'un fier pere la crainte.
          Devant tout le public leur folemnel eclat   1735
          Eclaire en même tems un changement d'état.
          Ce tour le plus heureux que nous ayons vû luire,
          Au defpotifme arrache & donne aux loix l'empire.
          Le peuple delivré de fon joug odieux
          A conter fes beaux jours commence avec nous deux.   1740

EDWIGE Seigneur ! mon trifte efprit, je vous l'avoue encore,
          Ne peut point etouffer l'ennui qui le devore;

          Entre mon pere & vous mon cœur trop partagé
          De fon fort incertain eft encor affligé.
          Helas ! je vous poffede & mon ame ravie   1745
          Gouteroit à longs traits ce bonheur de fa vie,
          Mais un bien precieux en augmente les foins
          Et les dangers de Tell ne me troublent pas moins.
          Je crains, Seigneur ! je crains que ce funefte orage
          N'ait encor affouvi tout l'excès de fa rage;   1750
          Sur nos têtes helas ! fon courroux gronde encor
          Puiffe ce jour enfin décider notre fort !
          Mais tandis que mon pere eft dans les fers du votre
          Nous avons tout à craindre ou pour l'un ou pour l'autre,
          Si j'en dois croire au moins un noir preffentiment   1755
          Qui fouvent m'avertit, mais jamais vainement.

ADOLF Boten, begleitet Werner und kommt geschwinden
    Schritts zurück,
    mir den Erfolg seiner Heldentaten zu melden! 1730

SZENE 3

ADOLF, HEDWIG, ROSINE

ADOLF Madame, jetzt endlich findet unsre Entscheidung Worte;
    ich kann von meiner Glut zu Euch reden, wie ich will,
    und unsre Liebe fesselt nicht mehr der schreckliche Zwang,
    darin die Angst vor einem stolzen Vater sie knebelte.
    Vor allen Leuten erhellt ihr feierlicher Glanz 1735
    zu gleicher Zeit einen Umbruch unseres Staats.
    Diese glücklichste Wende, die uns je erstrahlte,
    raubt der Tyrannei die Macht und gibt sie den Gesetzen.
    Das Volk, das nun von seinem verhassten Joch befreit ist,
    beginnt, seine schönen Tage mit uns beiden zu zählen. 1740

HEDWIG Herr, mein betrübter Geist, ich gesteh's Euch abermals,
    kann den Kummer, der ihn verzehrt, nicht zum Schweigen
      bringen.
    Zwischen meinem Vater und Euch zerrissen,
    grämt sich mein Herz noch immer um sein ungewisses Los.
    Ach, ich besitze Euch, und meine entzückte Seele 1745
    würd' mit tiefen Zügen dies Glück ihres Lebens kosten.
    Doch ein kostbares Gut vergrössert meine Sorgen,
    und die Gefahren Tells verstören mich nicht minder.
    Ich fürchte, Herr, ich fürchte, dass dieser Unheilssturm
    seinen übermässigen Zorn noch nicht besänftigt hat. 1750
    Über unsern Häuptern, o weh, tobt noch sein Grimm.
    Entschiede dieser Tag doch endlich unser Los!
    Doch solange Euer Vater meinen gefangenhält,
    haben wir für beide alles zu befürchten,
    wenigstens, wenn ich einer dunklen Ahnung glauben soll, 1755
    die oft genug mich warnt, doch niemals ohne Grund.

ADOLPHE Ces noirs preffentimens font fouvent faux prophetes;
    Si les malheurs tout prêts à fondre fur nos têtes
    Venoient toujours lancer par des chemins fecrets
    Dans nos cœurs avertis d'avance quelques traits,   1760
    On verroit triompher l'humaine prévoyance
    Des deftins eludés par cette connoiffance;
    Mais le ciel fe jouant de nos foins fuperflus
    Se plait à nous fraper des coups les moins prévus,
    Et ces maux que le cœur fouvent nous pronoftique   1765
    Quoique l'attente foit tout à fait chimerique
    Nous caufent cependant la réelle douleur,
    De nous voir malheureux même avant le malheur.
    Ne vous livrés donc point à l'excès de ces craintes,
    D'un mal imaginaire evités les atteintes.   1770
    Nos bras ont bien forcé votre etroite prifon
    Efperez tout pour Tell par la même raifon.
    Mais je vous dirai plus: Dans toute l'Helvetie
    Les peuples de concert frapent la tirannie,
    Et ce qu'on voit ici de leur vafte deffein   1775
    Eft peut être de tous le moindre coup de main;
    Le ciel pour la juftice aujourd'hui fe déclare.
    Et notre innocence nous obtient la victoire.

SCENE IV

ROSINE, EDWIGE, ADOLPHE, UN PAGE D'ADOLPHE

ROSINE Votre page, Seigneur ! arrive en ce moment.
    Il pretend vous parler.

EDWIGE   Ah ! qu'il entre à l'inftant.   1780

ROSINE Edwige le voici !

EDWIGE   Quel funefte meffage
    Vois-je peint fur ton front ?

ADOLF Diese dunklen Ahnungen sind oft falsche Propheten.
Wenn das Unglück, ganz nah daran, uns zu überfallen,
stets auf geheimen Wegen einige Pfeile schösse
zum voraus schon in unsre so gewarnten Herzen,   1760
säh' man die menschliche Voraussicht triumphieren,
dank dieser Kenntnis, über das ausgespielte Schicksal.
Doch der Himmel verlacht unsre nichtigen Sorgen:
es gefällt ihm, uns ganz unverhofft zu schlagen;
und diese Übel, die das Herz uns oft voraussagt,   1765
mag auch die Erwartung ganz unbegründet sein,
die verursachen uns doch den wirklichen Schmerz,
uns unglücklich zu sehn selbst vor Einbruch des Leids.
Gebt Euch also nicht hin dem Übermass dieser Angst,
weicht den Anwandlungen eingebildeter Übel aus!   1770
Unsre Arme sprengten Euren engen Kerker auf:
aus dem gleichen Grund erhofft das Beste für Tell!
Überdies will ich Euch sagen: In der ganzen Schweiz
zerschlagen die Völker gemeinsam die Tyrannei,
und was man hier von ihrem umfassenden Plan sieht,   1775
ist vielleicht von allen nur der geringste Handstreich.
Der Himmel erklärt sich heut für die Gerechtigkeit,
und unsre Unschuld wird uns den Sieg erringen.

SZENE 4

ROSINE, HEDWIG, ADOLF, EIN BOTE ADOLFS

ROSINE Euer Bote, Herr, kommt in diesem Augenblick an.
Er verlangt Euch zu sprechen.

HEDWIG   Er trete sofort ein!   1780

ROSINE Hedwig, da ist er!

HEDWIG   Welch unheilvolle Botschaft
seh' ich auf deine Stirn gemalt?

LE PAGE   Le terrible carnage
    Que j'ai vu près du lac, d'horreur me frappe encor;
    Werner pour votre pere a fait un noble effort;
    Mais d'un fort malheureux fa vaillance trompée   1785
    A perdu le beau fruit de mille coups d'epée;
    Six cents Helvetiens pleins d'une fiere ardeur
    Pourfuivoient fur fes pas les gens du Gouverneur;
    Enfin les atteignant l'efcarmouche étoit vive,
    Du lac foudain j'ai vu enfanglanter la rive;   1790
    Werner étoit par tout, l'exemple de fon bras
    Prodiguant la valeur animoit les foldats;
    Le Gouverneur enfin effrayé du carnage
    Sur des batteaux tout prêts a quitté le rivage
    Et laiffé le vainqueur confus, defefperé,   1795
    Que Tell par tant de coups n'étoit point delivré.

    Mais Werner cependant voyant le vent contraire
    De le voir repouffé fur le rivage efpere;
    D'un pas acceleré fur les bords il le fuit
    Et le va delivrer peut être avant la nuit-   1800
    Voila ce que j'en fais & que j'ai pû vous dire.

EDWIGE Seigneur, quel trifte fort ! de quoi vient on m'inftruire
    Je cede à ma douleur & n'efpere plus rien;
    Quel defaftre jamais fut comparable au mien ?
    Mon pere ne vit plus ! ou s'il refpire encore   1805
    Il fouffre des tourmens, que la nature abhorre.
    Grisler pour affouvir fon courroux furieux
    En ce jour ne fera que trop induftrieux.
    Mon pere dans fes fers trifte objet de fa haine
    De ce foulevement feul portera la peine;   1810
    Et le votre vaincu plein de fiel aujourd'hui
    Dans ce fang malheureux va noyer fon ennui;
    Mais quel friffon me prend ! ah ! mon ame fe glace

    Rofine ! o ciel ! je tombe...

ADOLPHE   Edwige ! ah; prenez place
    Je vous foutiens; helas ! elle eft fans mouvement.   1815

Der Bote   Das furchtbare Gemetzel,
   das ich nah beim See sah, erschreckt mich noch immer.
   Werner hat edelmütig für Euren Vater gekämpft;
   doch ein böses Geschick betrog seinen Heldenmut   1785
   und bracht' ihn um die schöne Frucht zahlloser Schwerthiebe.
   Sechshundert Schweizer, von stolzer Kampfglut erfüllt,
   verfolgten auf der Flucht die Soldaten des Vogts.
   Als man sie eingeholt, gab es heftige Scharmützel;
   plötzlich sah ich das Ufer des Sees vom Blut sich röten.   1790
   Werner war überall, sein vorbildlicher Einsatz,
   der mit Mut nicht geizte, spornte die Krieger an.
   Der Vogt, den schliesslich das Gemetzel erschreckte,
   stiess auf bereitstehenden Booten vom Ufer ab
   und liess den Sieger verwirrt und verzweifelt zurück,   1795
   weil Tell trotz so vieler Heldentaten noch immer nicht befreit
     war.
   Doch wie indessen Werner den Gegenwind bemerkt,
   hofft er, ihn ans Land zurückgeworfen zu sehn.
   Mit beschleunigtem Schritt folgt er ihm am Ufer
   und wird ihn vielleicht, eh' es Nacht wird, befreien.   1800
   Das ist alles, was ich weiss und Euch sagen konnte.

HEDWIG   Herr, welch trauriges Schicksal hat man mir gemeldet!
   Ich weiche meinem Schmerz, lass' alle Hoffnung fahren!
   Welches Unglück war je mit meinem zu vergleichen?
   Mein Vater lebt nicht mehr! Oder, wenn er noch atmet,   1805
   leidet er Folterqualen, die die Natur verabscheut.
   Um seinen wütenden Grimm zu besänftigen,
   wird Grisler heute alle Mittel und Wege finden.
   Mein Vater, der in Ketten Ziel seines Hasses ist,
   wird für diesen Aufstand allein büssen müssen,   1810
   und Eurer, besiegt und voller Galle heute,
   wird seinen Ärger in dessen Blut ertränken.
   Doch welch ein Schauder packt mich! Weh, meine Seele
     erstarrt!
   Rosine, o Himmel, ich falle...

ADOLF   Hedwig, ach, nehmt Platz,
   ich stütze Euch; wehe, sie rührt sich nicht!   1815

Rosine Il lui faut du fecours; cherchons en promtement.

Adolphe Quel fpectacle effrayant ! du poifon de la crainte

  Et de fon glaçant froid fon ame femble atteinte
  Sa vie evanouit, une affreufe paleur
  Annonce fur fon front les angeoifes du cœur.   1820
  Elle r'ouvre les yeux... courage, chere amie;
  Reprenez les efprits de votre ame amortie,
  Et ne vous livrez point au defefpoir affreux,
  Au fein de l'efperance on eft toujours heureux.

Edwige Que voulez vous Seigneur, qu'en ce monde j'efpere ? 1825
  Mon pere eft dans les mains d'un juge trop fevere.

Adolphe Mon pere a vu pour Tell tout le païs emu
  Et déja près du lac fon peuple l'a vaincu.
  De fon fort incertain il eft lui même en peine,
  Il voit que contre tous la refiftence eft vaine   1830
  Et que fa cruauté rejailleroit fur lui;
  Il cherit votre pere en foi-même aujourd'hui.
  Un pareil prifonnier eft un trop bon otage
  Pour ne pas s'en tirer un notable avantage.
  Les jours de votre pere affurent ceux du mien   1835
  Grisler aime ce fang pour conferver le fien.

SCENE V

Rosine, autre Page d'Adolphe, Adolphe, Edwige

Rosine Tout l'orage a paffé & le fort debonnaire
  Edwige, vous ramene à la fin votre pere.
  Tell a non feulement furmonté fes dangers,
  Mais fon front eft couvert de gloire & de lauriers. 1840
  Plût au ciel qu'un ciprès que le deftin y mêle
  N'attrifta point un fils vertueux & fidele.

ROSINE Sie braucht dringend Hilfe! Holen wir sie geschwind!

ADOLF Welch schreckliches Schauspiel! Vom Gift der Angst
    und ihrer
    lähmenden Kälte scheint ihre Seele befallen.
    Ihr Leben schwindet, eine entsetzliche Blässe
    auf ihrer Stirn verrät ihre Todesqualen.   1820
    Sie öffnet wieder die Augen... Mut, teure Freundin,
    lasst Eure erlosch'ne Seele wieder zu sich kommen
    und liefert Euch nicht der furchtbaren Verzweiflung aus!
    Im Schoss der Hoffnung ist man immer glücklich.

HEDWIG Was soll ich, Herr, auf dieser Welt denn noch erhoffen?   1825
    Mein Vater ist in der Gewalt eines zu strengen Richters.

ADOLF Mein Vater sah Tells wegen das ganze Land in Aufruhr,
    und schon hat ihn nahe beim See sein Volk besiegt.
    Sein Schicksal beschert ihm Zweifel, stürzt ihn selbst in Not,
    er sieht, dass Widerstand gegen alle zwecklos ist,   1830
    und seine Grausamkeit auf ihn zurückfallen würde.
    Er ist sich selbst zuliebe heut Eurem Vater geneigt,
    solch ein Häftling ist ein zu gutes Faustpfand,
    um für sich nicht daraus reichlichen Nutzen zu zieh'n.
    Das Leben Eures Vaters sichert das des meinen: 1835
    Grisler liebt dies Blut, um das seine zu erhalten.

SZENE 5

ROSINE, EIN WEITERER BOTE ADOLFS, ADOLF, HEDWIG

ROSINE Der ganze Sturm ist vorüber! Das grossherzige Schicksal
    führt Euch, Hedwig, am Ende Euren Vater zurück.
    Tell hat nicht nur seine Gefahren überstanden,
    nein, seine Stirn ist auch mit Ruhm und Lorbeer bekränzt.   1840
    Wollte der Himmel, dass nicht ein Trauerbaum
    schicksalshaft einen treuen, tugendsamen Sohn betrübt!

Il faut s'attendre à tout: Page ! racontez nous
Comment ce jour amer eft devenu fi doux.

ADOLPHE Jufte ciel ! je comprens... Ce ciprès me regarde,   1845

Ce font là de ces coups que mon aftre me garde.
Ah ! mon pere a vecu. Meffager de malheur !
Parle !... Mais ton recit fait friffonner mon cœur.

LE PAGE Le Gouverneur tantôt evitant fa défaite
S'étoit mis fur le lac; une horrible tempête   1850
Fondit foudain fur lui & fes gens aux abois
Dans les ondes ont vu la mort plus d'une fois,
D'autant plus que ce lac tout entouré de roches
Du bord prefque par tout refufe les approches.
Le pilote tremblant laiffe aller le timon   1855
Et floter le bateau fans guide à l'abandon.
On decharge à la fin Tell même de fa chaine
Pour tâcher d'eloigner une mort fi prochaine.
Il faifit le timon & par d'heureux efforts
Conduit adroitement le batteau vers les bords.   1860
Alors d'un faut hardi il s'elance au rivage
Le batteau repouffé retourne dans l'orage;
Mais à la fin Grisler après bien des foucis
Un peu plus haut que Tell gagne le bord auffi.
Du chateau de Küsnach il prend foudain la route,   1865
Son vaillant ennemi de ce deffein fe doute,
Armé de fon bon arc & de ce trait reftant
Qu'au fortir de fes fers il faifit prudemment,
Il l'attend au paffage & de fa fleche amere
Le jette d'un feul coup à mort bleffé par terre.   1870
Les gardes etonnés cherchent par tout des yeux
Le temeraire auteur de ce coup furieux;
Les uns veulent panfer cette playe mortelle
Les autres tout troublés cherchent l'heureux rebelle
Tell au lieu de s'enfuir fort de fon guet-à-pend   1875
Et leur dit glorieux: «Venez percer ce flanc
« Notre tiran n'eft plus; j'ai vangé ma patrie
« Pourrois-je plus heureux vendre plus haut ma vie ?

Man muss auf alles gefasst sein! Bote, erzählt uns,
wie dieser bittre Tag so süss geworden ist!

ADOLF O Himmel, ich begreife... dieser Trauerbaum schaut   1845
    mich an,
vor diesem Schlag bewahre mich mein guter Stern!
Ach, mein Vater ist nicht mehr! Unglücksbote,
sprich!... Allein, dein Bericht lässt mein Herz erschauern.

DER BOTE Der Vogt, eben seiner Niederlage entronnen,
war auf den See hinaus gefahren; ein furchtbarer Sturm   1850
brach plötzlich über ihn herein und verzweifelt sahen
seine Leute im Gewoge mehr als einmal den Tod,
umso mehr, als dieser See, ganz von Felsen gesäumt,
fast überall den Zugang zum Ufer verwehrt.
Der Steuermann lässt zitternd das Steuerruder fahren   1855
und das Boot ohne Führer ziellos auf dem Wasser treiben.
Man nimmt sogar zuletzt Tell seine Ketten ab,
um den so nahen Tod möglichst hinauszuzögern.
Er packt das Steuerruder und lenkt das Boot geschickt
in glücklichem Manöver auf das Gestade zu.   1860
Dann schwingt er sich mit einem kühnen Sprung ans Ufer,
das zurückgestoss'ne Boot kehrt in den Sturm zurück;
doch am Ende erreicht auch Grisler nach vielen
Widrigkeiten knapp oberhalb von Tell das Ufer.
Er nimmt sogleich den Weg in Richtung auf Schloss Küssnacht.   1865
Sein tapferer Feind ahnt diese Absicht;
bewaffnet mit seinem Bogen und dem restlichen Pfeil,
den er beim Lösen seiner Fesseln klug ergriff,
passt er ihm beim Vorbeigehn ab und mit seinem
bittren Pfeil streckt er ihn gleich tödlich verletzt zu Boden.   1870
Die überraschten Wachen suchen überall fieberhaft
den waghalsigen Schützen dieses von Wut gelenkten Schusses.
Die einen wollen die tödliche Wunde verbinden,
die andern suchen bestürzt den glücklichen Rebellen.
Statt zu entflieh'n, tritt Tell aus seinem Hinterhalt   1875
und sagt zu ihnen stolz: «Kommt, durchbohrt diesen Leib!
Unser Tyrann ist tot! Meine Heimat ist gerächt!
Könnt' ich glücklicher und stolzer mein Leben verkaufen?»

On s'elance fur lui, mais dans le même inftant
Où Tell alloit perir, le vainqueur le furprend.   1880
Et la voix de Werner repandant les allarmes
A ce peu de foldats a fait tomber les armes.
Ils demandent la vie, on les fait prifonniers
Avec le Gouverneur & tous fes officiers,
Et par le foin qu'on a de panfer fa bleffure   1885
On peut bien efperer...

ADOLPHE   Deftin, amour, nature !
       Ah ceffez de jouer des amans malheureux !
       Vous frapez tour à tour l'un & l'autre des deux.
       Quel melange odieux de joye & de trifteffe !
       Vient-on nous rejouir ou tourmenter fans ceffe ?   1890
       De nos peres faut-il que l'un periffe enfin ?
       Que l'autre puiffe voir de fes malheurs la fin.
       Faut-il que notre hymen ne devienne celebre
       Que du trifte appareil d'une pompe funebre ?
       Et ce combat du throne avec la liberté   1895
       Demande-t-il le deuil de notre parenté ?

       Mais tandis que céans je me confume en plaintes
       Mon pere de la mort fent déja les atteintes.
       Edwige ! fans tarder, fans le laiffer languir
       Permettez que fon fils aille le fecourir.   1900

EDWIGE   Allés, Seigneur ! allés, le devoir vous appelle
       Ciel ! puiffiez vous guerir fa bleffure mortelle !
       Puiffe de nos deftins la celefte bonté
       Jetter les fondemens de notre liberté,
       Sans qu'Adolphe en ce jour d'une jufte trifteffe   1905
       Soit contraint d'alterer la publique allegreffe !
       Ou que fous un front gai recelant fa douleur,
       Ce malheur en fecret empoifonne fon cœur;
       Mais, qu'entens-je ? Quel bruit ?

ROSINE   La troupe triomphante
       De nos guerriers là bas à la cour se prefente.   1910

Man stürzt sich auf ihn, doch im selben Augenblick,
da Tell gleich sterben soll, überrascht der Sieger ihn;   1880
Werners Stimme, die Angst und Schrecken verbreitet,
zwingt die paar Soldaten, die Waffen zu strecken.
Sie bitten um ihr Leben, man nimmt sie gefangen,
samt dem Vogt und allen seinen Offizieren;
die Sorgfalt, mit der man seine Wunde verbindet,   1885
lässt Hoffnung aufkommen...

ADOLF   Schicksal, Liebe, Natur!
Ach, hört auf, unglückliche Liebende zu narren!
Ihr trefft im Wechsel bald die eine, bald den andern.
Welch verhasste Mischung von Freude und von Trauer!
Will man uns erfreuen oder endlos quälen?   1890
Muss schliesslich einer unsrer Väter zugrunde gehn?
Könnt' der andre doch das Ende seines Unglücks sehn!
Muss denn unsre Hochzeit berühmt werden allein
durch den traurigen Prunk einer Totenfeier,
und dieser Kampf des Thrones mit der Freiheit –   1895
verlangt er die Trauer und den Schmerz unserer
    Verwandtschaft?
Doch während ich mich hier in Wehklagen verzehre,
spürt mein Vater schon den Andrang des Todes.
Hedwig, erlaubt, dass ihm sein Sohn unverzüglich,
damit er nicht einsam hinstirbt, zu Hilfe eilt!   1900

HEDWIG So geht, Herr, geht, die Pflicht ruft Euch. O Himmel!
Könntet Ihr doch seine tödliche Wunde heilen!
Möge die himmlische Güte unseres Schicksals
doch den Grundstein zu unserer Freiheit legen,
ohne dass Adolf heute genötigt ist, dem Volk   1905
mit berechtigter Trauer die Freude zu verderben,
oder dass, unter einer frohen Stirn seinen Schmerz
verbergend, dies Unglück heimlich sein Herz verbittert!
Doch was hör' ich? Was ist das für ein Lärm?

ROSINE   Die jubelnde Schar
unserer Krieger trifft dort unten im Hof ein.   1910

Par l'eclat vif du fer tout paroit radieux
Je vois monter vers nous leurs chefs victorieux.

SCENE VI

EDWIGE, ROSINE, TELL, TROUPE D'HELVETIENS

TELL   Vaillans Helvetiens ! enfin le ciel propice
        De Grisler a brifé le fceptre d'injuftice
        Et fon throne de fer renverfé par vos mains   1915
        Change en un heureux fort nos malheureux deftins.
        D'un pouvoir fouverain etabli par le crime
        Le fier ufurpateur eft enfin la victime.
        Notre province eft libre & l'Helvetie ailleurs
        De concert avec nous frape fes coups vainqueurs.   1920
        Les loix vont gouverner, ces juges refpectables
        Qu'une egale rigueur rend toujours equitables
        Dont la conftante voix fans egard perfonel
        Ne punit que le crime, & non le criminel,
        Et dans les mains defquels ni l'or ni la puiffance   1925
        Par un indigne effort font pancher la balance
        Sous ce puiffant abri, libres Helvetiens !
        Vous allez poffeder dès aujourd'hui vos biens.
        D'un juge corrompu l'orgueil ni l'avarice
        N'en difpoferont plus fuivant fon vain caprice.   1930
        Mais après ces exploits n'ayons point de frayeur
        De l'injufte courroux d'un fier ufurpateur.
        Dans ces monts paternels, nos fublimes barrieres
        De pied ferme attendons fes nombreufes bannieres.
        Si nous fommes unis, leurs efforts feront vains   1935
        Et nous de l'univers les plus heureux humains.
        De divers peuples Rois la fiere republique
        Doit affermir bientôt la liberté publique;
        De tant d'interêts joints l'inebranlable appui
        Nous garantira tous de la force d'autrui.   1940
        Maintenons entre nous cet heureux equilibre
        Qui nous egalifant rend chacun de nous libre.

Vom Blitzen der Waffen scheint alles in Glanz getaucht!
Ich seh' ihre siegreichen Führer zu uns heraufkommen.

SZENE 6

HEDWIG, ROSINE, TELL, EINE SCHAR SCHWEIZER

TELL Tapfre Schweizer! Endlich hat der gnädige Himmel
das ungerechte Szepter in Grislers Hand zerbrochen,
und da eure Hände seinen Thron aus Eisen stürzten,   1915
wandelt sich unser Unglück um in ein glückliches Los.
Der stolze Räuber einer unumschränkten Macht,
die auf Verbrechen gründet, wird schliesslich ihr Opfer.
Unsre Provinz ist frei, und schon führt die Schweiz
mit unserem Segen anderswo ihre siegreichen Kriege.   1920
Die Gesetze werden regieren, diese ehrwürdigen Richter,
die gleiche Strenge stets unparteiisch macht,
deren treue Stimme ohne Ansehen der Person
nur das Verbrechen straft und nicht den Verbrecher,
und in deren Händen weder das Gold noch die Macht   1925
in nichtswürdigem Versuch die Waage zum Sinken bringt.
Unter diesem mächtigen Schutz, freie Schweizer,
werdet ihr eure Güter von heute an besitzen.
Weder Stolz noch Habsucht eines verderbten Richters
werden hinfort willkürlich darüber verfügen.   1930
Doch fürchten wir nach diesen Heldentaten nicht
den ungerechten Zorn eines stolzen Usurpators!
In den Bergen der Väter, unsern hohen Schranken,
lasst uns standhaft seinen Wald von Bannern erwarten!
Wenn wir geeint sind, werden ihre Versuche scheitern   1935
und wir die glücklichsten Menschen auf der Welt sein.
Ihr Könige mancher Völker: Die stolze Republik
wird bald die Freiheit des ganzen Volkes zu sichern wissen.
Der feste Hort so vieler gemeinsamer Interessen
wird uns alle gewiss vor fremder Macht beschützen.   1940
Erhalten wir unter uns dies glückliche Gleichgewicht,
das uns gleichstellt und so jeden von uns frei macht!

Que perfonne entre nous puiffe avoir des emplois
Que pour executer l'ordonnance des loix.
Mais fur tout ayons foin que dans notre regence   1945
Ne domine jamais l'infolente opulence
Ni que l'or triomphant par d'indignes appas
Vers les honneurs ne prenne à la vertu le pas.
Point d'exemple entre nous, que la magiftrature,
Sans la vertu d'un pere, en fon fils encor dure,   1950
Et qu'une race fiere enfin par fes projets,
De fes concitoyens fe faffe des fujets.
Abjurons à jamais d'un ferment falutaire
Dans toute l'Helvetie un pouvoir arbitraire !
D'entre nous banniffons fon ufurpation   1955
Ayons fon fouvenir en execration.
Et fi de nos neveux la rufe politique
Tendoit à retablir le pouvoir tirannique
Que la foudre du ciel puiffe tomber fur eux !

Un Helvetien Ah qu'ils ne naiffent point, ces mortels
    malheureux !   1960
    Ou fi jamais venoit cette engeance funefte,
    Que l'eau foit leur poifon & que l'air foit leur pefte !

Un autre Helvetien Que la terre infidele enfonçe fous leurs
    pas !

Un 3ᴹᴱ Helvetien Que l'enfer les brulant ne les confume pas !

SCENE DERNIERE

Grisler, Adolphe, Edwige, Tell, Rosine, Troupe
d'Helvetiens

Grisler Perdition des loix ! noire fureur des grands !   1965
    Pefant joug des fujets ! & foutien des tirans !
    Funefte ambition ! perfide feductrice !

Keiner unter uns soll auf anderes sinnen,
als die erlassenen Gesetze zu befolgen!
Doch geben wir vor allem acht, dass in unsrer Herrschaft   1945
nie der unverschämte Reichtum die Macht ausübt,
dass nicht das Gold durch würdelose Reize siegt und
eher als die Tugend zu Ehrenstellen kommt!
Bei uns soll's kein Beispiel geben, dass das Richteramt
ohne des Vaters Tugend bei seinem Sohn verharrt,   1950
und dass ein stolzes Geschlecht mit seinen Zielen
zuletzt seine Mitbürger sich zu Untertanen macht.
Entsagen wir für immer, mit einem heilsamen Schwur,
in der ganzen Schweiz einer willkürlichen Herrschaft!
Ächten wir unter uns ihre Machtergreifung,   1955
verabscheuen wir die Erinnerung daran!
Und wenn eine verschlagene Politik unsrer Enkel
die Wiederherstellung tyrannischer Macht anstrebte,
dann möge der Blitz des Himmels in sie fahren!

EIN SCHWEIZER Ach, würden sie nie geboren, diese
          Unglücksmenschen!   1960
Oder erschiene je diese unheilvolle Brut,
soll das Wasser ihr Gift, die Luft ihr Pesthauch sein!

EIN ZWEITER SCHWEIZER Die falsche Erde soll unter ihrem Tritt
versinken!

EIN DRITTER SCHWEIZER Die Hölle soll sie brennen, ohne sie zu
verzehren!

SCHLUSSSZENE

GRISLER, ADOLF, HEDWIG, TELL, ROSINE, EINE SCHAR SCHWEIZER

GRISLER Untergang der Gesetze! Schnödes Rasen der Grossen!   1965
Drückendes Joch der Knechte und Stütze der Tyrannen!
Unheilvoller Ehrgeiz, du tückischer Verführer!

Où m'abandonnes-tu ? Quel affreux precipice !
Sur mes devoirs o ciel ! que n'ai-je ouvert les yeux ?
Les juges doivent être en ce monde des Dieux,   1970
Du grand Dieu tout-puiſſant les vivantes images;
Son eclat ſeul en fait de ſacrés perſonnages.
Et ce n'eſt qu'imitant ces divines vertus
Qu'au ſceptre des mortels les hommages ſont dus.
Mais dans ces tems pervers que de juges coupables   1975
Sont en place des Dieux des demons effroyables,
Moi même ah ! j'en gemis, je n'étois qu'un tiran.
Craint, abhorré, maudit, je croyois être grand.
Par des chemins ſecrets ma ſourde politique
Tendoit depuis long tems au pouvoir deſpotique.   1980
J'armois tous les reſſorts de ma ſagacité,
Pour opprimer les loix avec la liberté,
Et mon eſprit ſubtil confondant leurs veſtiges
En fait de politique enfantoit des prodiges.
Nul jour ne ſe paſſoit que mes maudits deſſeins   1985
Ne tendiſſent au peuple un piege des plus fins.
Sans diſcontinuer mon artifice aux priſes
Avec leur liberté reſerroit leurs franchiſes.
Juſqu'à ce qu'à la fin mon funeſte pouvoir
N'étoit plus limité que par mon ſeul vouloir.   1990
Ciel ! je l'avoue, alors la puiſſance ſupreme
A rendu mon cœur dur & mon orgueil extreme.
Parmi tous mes ſujets mon œil lançoit l'effroi,
Tout me fuyoit de loin, tout avoit peur de moi;
Mon nom faiſoit trembler; à mon aſpect ſevere   1995
Les enfans ſe cachoient dans le ſein de leurs meres;
En ce funeſte état au comble de mes vœux
Plus qu'aucun des mortels je me croyois heureux;
Aujourd'hui revenu de cette erreur affreuſe
Mon repentir finit ma regence odieuſe   2000
Et beniſſant de Tell le trait qui m'a perçé
Je verſe tout mon ſang ſans être offenſé.
Juſtement irrités les peuples d'Helvetie
Dethronent en ces lieux ma noire tirannie
Moi même j'applaudis à leurs heureux ſuccès.   2005
Puiſſent ces ſentimens m'attirer leurs regrets !

Wo lässt du mich zurück? Welch entsetzlicher Abgrund!
Warum verschloss ich die Augen vor meinen Pflichten?
Die Richter sollten auf dieser Welt Götter sein, 1970
das leibhafte Abbild des grossen allmächtigen Gottes.
Sein Glanz allein macht sie zu heiligen Personen,
und nur in Nachahmung dieser Tugenden Gottes
kommen der Macht der Sterblichen diese Ehren zu.
Doch wie viele schuldige Richter sind in diesen 1975
gemeinen Zeiten statt Götter schreckliche Teufel!
Ich selber stöhne, war ich doch nichts als ein Tyrann,
gefürchtet, verachtet, verflucht hielt ich mich für gross.
Auf geheimen Wegen strebte meine eiserne
Politik schon seit langem nach unumschränkter Macht. 1980
Alle Gerichte fanden in meinem Scharfsinn Hilfe,
die Gesetze mit der Freiheit zu unterdrücken,
und mein durchtriebener Geist tilgte ihre Reste
und zeugte wahre Wunder auf dem Feld der Politik.
Kein Tag ging vorüber, ohne dass meine verfluchten 1985
Absichten dem Volk heimtückische Fallen stellten.
Nie hörten meine Ränke, im Kampf mit ihrer Freiheit,
auf, ihren Drang, offen zu reden, einzudämmen,
bis am Ende meine unheilvolle Macht keine
andre Grenze kannte als nur meinen Willen. 1990
O Himmel, ich gesteh's, die unumschränkte Macht
hat mein Herz verhärtet und mich sehr stolz gemacht.
All meine Untertanen erfüllte mein Blick mit Schrecken,
alles floh mich von weitem, alles hatte Angst vor mir.
Mein Name liess erzittern; ob meiner strengen Miene 1995
versteckten sich die Kinder am Busen ihrer Mütter.
Am Ziel meiner Wünsche in diesem Unglücksstaat,
hielt ich mich für glücklicher als alle andern Menschen.
Heut, da ich von diesem schrecklichen Irrtum geheilt bin,
steht meine Reue am Ende meiner verhassten Herrschaft, 2000
ja, ich segne den Pfeil Tells, der mich durchbohrt hat:
Ich vergiesse all mein Blut und fühl' mich nicht entehrt.
Mit gutem Recht erzürnt, stürzen die Völker der Schweiz
an diesen Orten meine finstere Tyrannei.
Ich selber preise ihr glückliches Gelingen. 2005
Mögen diese Gedanken mir ihr Mitleid erwirken!

Mais la mort me furprend... O ciel ! mon ame emue
Quitte ce trifte corps; ma force diminue
Approchés vous, Edwige ! Adolphe ! approchez vous.
Que je vous voye unis & le trepas m'eft doux.   2010
Enfans vivés heureux ! Et que la jouiffance
Des biens les plus réels foit votre recompenfe !
Radouciffe le ciel par fes plus grands bienfaits
L'amertume des maux que Grisler vous a faits !
Tell ! tendés moi la main... Ah ! mon cœur vous pardonne   2015
Pere de ces enfans, que je vous abandonne
Donnés à mon efpoir la confolation
De confommer pour moi leur prochaine union.
Jufte Dieu ! je me meurs...

EDWIGE   C'en eft fait, il expire !

ADOLPHE Mon ame gagne & perd tout ce qu'elle defire.   2020

TELL Ah ! tardive vertu ! Quel eft ton trifte fort !
    Ton premier rayon meurt dans l'ombre de la mort !

FIN

Doch der Tod packt mich... O Himmel, meine Seele
verlässt erschüttert ihren Leib; meine Kraft schwindet!
Kommt näher, Hedwig; Adolf, kommt näher!
Seh' ich Euch vereint, ist mir mein Scheiden süss. 2010
Kinder, so lebt denn glücklich! Möge der Genuss
der Güter dieser Erde Eure Belohnung sein!
Milderte doch der Himmel mit seinen grössten Segnungen
die Bitterkeit des Leids, das Grisler euch angetan!
Tell, reicht mir Eure Hand... Ach! Mein Herz verzeiht Euch! 2015
Vater dieser Kinder, die ich Euch hinterlasse,
schenkt meiner Hoffnung den ermutigenden Trost,
bald an meiner Statt ihren Ehebund zu stiften!
Gerechter Gott, ich sterbe...

HEDWIG   Es ist aus, er ist tot!

ADOLF Meine Seele gewinnt und verliert, alles, was sie wünscht. 2020

TELL Ach, Tugend, spät kommst du! Wie traurig ist dein Los!
Dein erster Strahl stirbt im Schatten des Tods!

ENDE

La tête à l'échafaud ou Guillaume Tell à Berne

Urs Helmensdorfer

Le 16 juillet, l'avoyer, le Petit et le Grand Conseil de la Ville de Berne condamnèrent à mort le Bourgeois Samuel Henzi, avec deux autres. Motif : ils auraient tramé une conspiration très dangereuse, dans le but d'attenter à notre gouvernement établi par Dieu, naturel et légitime, conspiration qui aurait renversé et détruit notre État[1]. Le jour suivant, avec deux des autres conjurés, Henzi fut décapité. Le bourreau rate son premier coup. Les dernières paroles de Henzi auraient été les suivantes : «Tu exécutes comme tes maîtres jugent !» – «Tout est corrompu dans cette République, même l'exécuteur !»[2]

La découverte de la conjuration et la fin si précipitée de Samuel Henzi fit la manchette à travers toute l'Europe. On félicita Berne, on la blâma. L'ambassadeur français en résidence à Soleure émit lui-même des doutes sur la régularité de la procédure[3]. Si l'on examinait avec attention louanges et réprobations, de quelle que part qu'elles vinssent, on aurait pour ainsi dire la carte géographique des courants spirituels et idéologiques de l'époque.

L'affaire gênait les instances politiques de Berne. État européen exemplaire, comparé par Machiavel aux républiques antiques, préféré même à Venise par Montesquieu, Berne voyait soudain terni son âge d'or tardif[4]. Il fallait qu'un manifeste justifiât la chose auprès des autres gouvernements. On en imprima trois mille exemplaires en allemand et mille cinq cents en français : «In Hoch-Oberkeitlicher Truckerey – Dans l'Imprimerie de Leurs Excellences»[5]. Le rédacteur anonyme du manifeste fut chargé de taire que la population de Berne elle-même réclamait l'explication exacte de la prétendue conjuration. Et il lui fut interdit de mentionner de la moindre façon les anciennes constitutions sur lesquelles Henzi avait appuyé sa critique de la Ville et République de Berne et qui avaient déjà déclenché la révolte, une centaine d'années auparavant, lors de la guerre des paysans de 1653.

Le jeune Lessing se prit d'enthousiasme pour l'affaire Henzi. Dans ses lettres de l'année 1753, il se fit l'avocat de celui qui avait été con-

Kopf ab oder Tell in Bern

Urs Helmensdorfer

Am 16. Juli 1749 verurteilten Schultheiss, Kleiner und Grosser Rat der Stadt Bern den Stadtburger Samuel Henzi zum Tod. Der Grund: er habe durch Verunglimpfung und Beschuldigung der von Gott gesetzten natürlichen und rechtmässigen gnädigen Obrigkeit eine Verschwörung angesponnen, durch «die der ganze Staat hätte zertrennet und umgekehret werden können.»[1] Henzi wird tags darauf (mit zwei Mitverschworenen) enthauptet. Dabei verfehlt der Henker den ersten Hieb. Als Henzis letzte Worte werden überliefert: «Tu exécutes comme tes maîtres jugent.» – «In diesem Staat ist alles korrupt, selbst der Henker.»[2]

Die Nachricht von der aufgedeckten Verschwörung und Henzis schnellem Ende machte Schlagzeilen durch ganz Europa. Bern wurde teils beglückwünscht, teils gerügt. Selbst der in Solothurn residierende französische Gesandte äusserte Zweifel an der Sauberkeit der Prozessführung.[3] Eine genaue Prüfung von Lob und Tadel, aus welcher Ecke sie je kamen, ergäbe eine Landkarte der geistigen Strömungen der Zeit.

Der Berner Obrigkeit war die Sache lästig: Europas Musterstaat, von Machiavelli mit den antiken Republiken verglichen, von Montesquieu eben Venedig vorgezogen – Bern war gestört im Genuss seines späten Goldenen Zeitalters.[4] Ein Manifest sollte die Sache bei den Regierungen rechtfertigen. 3000 deutsche und 1500 französische Exemplare wurden gedruckt – «In Hoch-Oberkeitlicher Truckerey – Dans l'Imprimerie de Leurs Excellences»[5]. Doch der Verfasser war angewiesen, zu verschweigen, dass auch das Berner Volk eine genaue Erklärung der sog. Verschwörung wünschte. Und er durfte mit keinem Wort die alten Verfassungen erwähnen, mit denen Henzi seine Kritik am politischen Zustand der Stadt und Republik Bern gestützt und die schon vor 100 Jahren (im Bauernkrieg 1653) Zündstoff für einen Aufstand abgegeben hatten.

Der junge Lessing, der in den *Literarischen Briefen* von 1753 sich zum Anwalt zu Unrecht Gerichteter machte, war vom Henzi-Stoff en-

damné à tort. Il trouvait l'événement hautement curieux, mémorable, appartenant de plain-pied à l'histoire récente. Il fit de la «conjuration de Henzi» une «res gesta», une action héroïque. C'est ainsi qu'il se lance dans une tragédie, un Trauerspiel, intitulé *Samuel Henzi*.[6] En mettant en drame le fait divers sous le nom exact des personnalités impliquées, il innove. Il opte pour la forme traditionnelle des alexandrins tragiques telle que l'a fixée le poète silésien Opitz (1507-1639).

Lessing fait de Henzi un franc patriote, qui représente de façon entièrement désintéressée la cause de la «liberté». Il l'oppose à un conjuré de l'extérieur, le Genevois Micheli du Crest, lequel n'aurait en vue que des projets de vengeance toute personnelle. Ce que Lessing entend d'ailleurs par le terme de liberté demeure assez vague.

Albrecht de Haller, poète des *Alpes* (1732), plus cité que réellement lu, fit en 1754 une critique du fragment dramatique de Lessing. Dans les Göttinger *Gelehrten Anzeigen*, il objecte ceci : la vérité des faits aurait été déformée à la défaveur de la «notable République»[7]. Parle ici l'un des membres du Grand Conseil de la Ville de Berne, qui n'admet pas la moindre critique à l'endroit des autorités, ni de l'intérieur, ni de l'extérieur. Cette attitude d'Albrecht de Haller se voit d'ailleurs appuyée par Johann Jakob Bodmer, l'adversaire de Gottsched, lequel s'employa à livrer à la censure zurichoise les premiers volumes des écrits de Lessing, «à cause d'une pièce [le mot est en français dans le texte] injurieuse envers le louable État de Berne»[8]. En même temps, de Haller déplore que les acteurs de l'événement aient été représentés faussement. Aujourd'hui, nous dirions que Lessing n'a pas respecté les droits de la personne. Le Genevois Micheli du Crest est en réalité un partisan enthousiaste de la démocratie, nullement le misérable traître dont Lessing brosse le portrait. Si Lessing interprète la condamnation de Henzi comme un meurtre commis par la justice, lui-même perpètre un crime contre la renommée de Micheli du Crest[9]. Il nuit même à Henzi, lequel n'était pas cet idéaliste échevelé qu'il fait de lui. Albrecht de Haller conclut : «Nous voulons préserver du malheur ceux qui ont payé de leur sang leurs forfaits; nous voulons les laisser reposer en paix; sans quoi nous pourrions placer toutes choses sous un éclairage plus net et démontrer que Henzi avait de tout autres qualités de cœur et d'esprit que celles que lui attribue M. Lessing.»[10]

*

A l'époque où les puissants en étaient à écrire l'histoire en vainqueurs, d'après leur vision des choses à eux, il existait déjà un drame sur la con-

thusiasmiert. Er fand das Ereignis höchst merkwürdig, denkwürdig und damit zur neuen Geschichte gehörig. Die Henzi-Verschwörung wird so für ihn zu einer «res gesta». Lessing beginnt ein Trauerspiel: *Samuel Henzi*.[6] Er unternimmt den kühnen Versuch, ein Tagesereignis mit den echten Namen der Beteiligten zu dramatisieren – und zwar in den traditionellen tragischen Alexandrinern in Opitzscher Manier.

Henzi ist bei Lessing ein edler Patriot, der uneigennützig die Sache der «Freiheit» vertritt. Er wird einem fremden Aufrührer gegenübergestellt, Micheli du Crest aus Genf, der nur selbstsüchtige Rachepläne verfolgt. Was allerdings bei Lessing unter «Freiheit» zu verstehen ist, bleibt unscharf.

Albrecht von Haller, der grosse Polyhistor, als Dichter der frühen Gedankenlyrik *Die Alpen* mehr genannt als gelesen, rezensierte 1754 Lessings Dramen-Fragment. Er beanstandet in den Göttinger *Gelehrten Anzeigen*, dass die Wahrheit zum Nachteil einer «beträchtlichen Republic» verstellt sei.[7] Da spricht das Mitglied des Grossen Rates der Stadt Bern, das keine Kritik an der Obrigkeit annimmt – weder von Innen noch von Aussen. In dieser Haltung wird Haller von Johann Jakob Bodmer unterstützt, dem Antipoden Gottscheds, indem er sich bemühte, die ersten Bände von Lessings Schriften der Zürcher Zensur zu opfern, «wegen einer den loblichen Stand Bern ehrrührig angehenden pièce».[8] Haller rügt aber auch, dass die Beteiligten ungerecht dargestellt seien. Heute würden wir sagen, Lessing habe ihre Persönlichkeitsrechte verletzt. Der Genfer ist nämlich in Wahrheit ein begeisterter Anhänger der Demokratie, kein elender Verräter, als den Lessing ihn zeichnet. Wenn Lessing Henzis Verurteilung als Justizmord deutet, so begeht er selber an Micheli du Crest einen glatten Rufmord.[9] Und auch Henzi tut er unrecht: Henzi war nicht der unpraktische Idealist, den Lessing aus ihm macht. «Wir wollen des Unglückes schonen,» schreibt Haller, «und diejenigen, die ihre Übelthat mit ihrem Bluthe bezahlt haben, in ihrem bedauerlichen Grabe ruhen lassen, sonst könnten wir alles in ein helleres Licht setzen, und zumahl vom Henzi ganz andre Gemühts-Eigenschaften erweislich machen, als ihm Hr. Lessing zuschreibt.»[10]

*

Zu dieser Zeit, da die Mächtigen schon dabei waren, als Sieger die Geschichte nach ihrem Sinn zu schreiben, gab es bereits ein anderes Drama

juration de Henzi, dite aussi *Burgerlärm* [le bruit des bourgeois], de 1749. Le manuscrit se trouvait, achevé, en un lieu inconnu. Il avait été écrit en 1748/49, mais il ne fut publié qu'en 1762, sans nom d'auteur ni lieu d'édition[11]. Il est de première main. Son titre : *Grisler ou l'ambition punie*, tragédie en cinq actes. Grisler : ce nom équivaut depuis longtemps à celui, plus connu, de Gessler. Il s'agit donc de ce que l'allemand appelle un *Tell-Drama*. Il n'a encore jamais été joué. Seule l'édition en facsimilé de 1985 l'a remis sur le marché et l'a rendu accessible[12]. L'auteur : Samuel Henzi.

Fils de pasteur, Henzi est né en 1701. Il est bourgeois de Berne. De 1741 à 1743, il se met, en qualité de capitaine, au service du Duc de Modène. A son retour, il sert quelque temps de précepteur à Julie Bondeli. En 1744, sa participation au dit Mémorial lui vaut d'être condamné à un exil de cinq années : un certain nombre de personnalités avaient réclamé au gouvernement l'accès de tous les bourgeois aux services et aux privilèges des fonctions publiques. Henzi choisit pour terre d'exil la Principauté prussienne de Neuchâtel. Il s'y consacra à des travaux historiques et littéraires; il fut rédacteur du *Mercure suisse* et collaborateur de l'hebdomadaire *Journal Helvétique*. Tous ses écrits sont rédigés en français. Grâcié en 1748, il revint à Berne, y fut nommé bibliothécaire adjoint – et non bibliothécaire en chef comme il avait justement pu l'espérer. C'est à cette époque qu'il composa la tragédie de *Grisler ou l'ambition punie*. En juin 1749, il se trouva impliqué dans la conjuration qui porte son nom, fut emprisonné le 5 juillet, condamné le 16 et décapité le 17[13] .

Henzi fut un «caméléon littéraire»[14]. Quand il avertit Bodmer, en 1748, qu'il envisageait d'écrire une tragédie en l'honneur de la nation suisse, celui qu'on surnommait alors le pape de la littérature fut pris d'étonnement : Le mordant faiseur d'épigrammes «est-il donc habile dans tous les genres ?[...] Vous avez là l'occasion de produire de beaux sentimens [en français dans le texte, selon l'ancienne orthographe] de liberté, de justice et de magnanimité, sans courir le danger de vous voir proscrit[15].» Bodmer aurait-il lu l'œuvre achevée qu'il en aurait jugé autrement. Car si *Grisler* avait été connu à Berne au moment de la conjuration, il en aurait sûrement coûté à l'auteur... une deuxième tête ! Ce que le Henzi législateur et réformateur développe en matière de critique d'actualité dans le Mémorial que les instances politiques de 1749 ignoraient, Henzi le poète le projette avec acuité, concision et brio dans sa version de la légende de Guillaume Tell.

über die Henzi-Verschwörung oder den Berner-Burgerlärm vom Jahre
1749. Es lag, fix und fertig, an unbekanntem Ort. Entstanden ist es bereits 1748/49, erschienen ist es aber erst 1762 – ohne Angabe des Ver-
fassers und des Druckorts.[11] Es stammt aus erster Hand. Sein Titel:
Grisler ou l'ambition punie, tragédie en cinq actes. «Grisler» – der Name alterniert seit langem mit «Gessler». Es handelt sich also um ein Tell-
Drama. Gespielt worden ist es bis heute nie. Erst ein Faksimile-Druck[12]
aus dem Jahre 1985 hat es wieder zugänglich gemacht. Der Autor:
Samuel Henzi.

Henzi wurde 1701 als Sohn eines Pfarrers geboren. Er war Berner
Burger. 1741–43 stand er als Hauptmann in den Diensten des Herzogs
von Modena. Nach seiner Heimkehr in die Vaterstadt war er eine Zeit-
lang Lehrer und Erzieher der Julie Bondeli. 1744 wurde er wegen seiner
Beteiligung am sog. «Memorial» (worin eine Anzahl angesehener Männer von der Regierung den Zutritt aller Burger zu staatlichen Ämtern
und Einkommen verlangten) auf fünf Jahre verbannt und ging nach dem
preussischen Neuenburg. Dort widmete er sich historischen und literarischen Arbeiten und wurde Redaktor des *Mercure Suisse* und Mitarbeiter
an der Wochenzeitung *Journal Helvétique*. In allen seinen literarischen
Schriften behielt er das Französische bei. 1748 begnadigt, kehrte er nach
Bern zurück und wurde zum Unterbibliothekar ernannt, in der Hoffnung auf eine Ernennung zum Oberbibliothekar aber enttäuscht. In dieser Zeit entstand die Tragödie *Grisler ou l'ambition punie*. Im Juni
1749 wurde er in die Verschwörung verwickelt, die seinen Namen trägt,
am 5. Juli verhaftet, am 16. verurteilt und am 17. enthauptet.[13]

Henzi war ein «literarisches Chamäleon».[14] Als er Bodmer 1748
mitteilte, er plane ein Trauerspiel zu Ehren der schweizerischen Nation,
wunderte sich der Literaturpapst: «Ist er denn in alle Sättel zu springen
geschickt?... Sie haben hier Gelegenheit, schöne sentimens von Freiheit,
Gerechtigkeit und Grossmuth anzubringen, ohne dass Sie in Gefahr ge-
raten proscribiert (= verbannt) zu werden...»[15] Hätte Bodmer das ferti-
ge Werk gekannt, hätte er anders geurteilt. Denn wäre «Grisler» zur
Zeit der Henzi-Verschwörung in Bern bekannt gewesen, es hätte den
Autor einen zweiten Kopf gekostet! Was der Staatsrechtler und
Reformer Henzi in dem von der Obrigkeit ignorierten Memorial von
1749 im Stoff der Gegenwart an Kritik ausbreitet, das projiziert der
Dichter scharf, knapp, glänzend in seine Version der Tell-Sage.

Les personnages d'hier s'y font les interprètes d'aujourd'hui. Max
Wehrli, le maître des germanistes allemands, a formulé la chose ainsi :
«Ce n'est pas un vain jeu, mais la recherche de modèles, soutenue par
une visée historique, recherche qui, du moyen âge au XVIIIe siècle,
pense en types et contre-types et qui ne comprend l'événement que
quand elle réussit à établir une relation symbolique avec les préfigura-
tions qu'offrent la Bible, l'Antiquité ou l'histoire du pays»[16]. Brutus,
Tell, Henzi : voilà une relation de ce type. Le prédécesseur légitime à
chaque fois ceux qui s'inscrivent à sa suite.

Le thème était dans l'air; le sujet, connu. On venait d'en publier
les sources principales. De même que Friedrich Gundolf avait inauguré,
par son ouvrage sur la renommée de César[17], une histoire européenne
des idées, de même le labyrinthe des recherches sur Guillaume Tell insti-
tuait le mythe de la Suisse. Bien sûr, l'historicité de Tell était déjà mise
en question. Mais où se situe la frontière entre histoire et légende ?
L'État d'Uri, patrie de Guillaume, détruisit à ce moment-là par le feu,
sans autre forme de procès, les textes qui mettaient en doute l'existence
historique du héros. Uri s'attendait même à ce que d'autres états de
l'ancienne Confédération suivissent son exemple. En d'autres termes :
l'histoire n'est qu'une fable convenue.

La tragédie commence par la déclaration de principe du bailli Grisler :

GRISLER Qui gouverne & connait la faine politique,
    Eléve jufqu'aux cieux fon thrône defpotique,
    C'eft en vain qu'on pretend depouillant fes hauteurs
    Se faire aimer du peuple & regner dans les cœurs.
    On voit evanouir la majefté royale
    Lorfque vers fes fujets un prince fe ravale;
    L'empire & la bonté ne peuvent compatir,
    Pour affermir le joug il faut l'appefantir,
    A l'afpect de fon maître il faut qu'un fujet tremble
    Ce refpect retrecit le nœud qui les raffemble;
    Qui tient le fceptre en main doit être fier & haut
    Le peuple veut un maître & c'eft ce qu'il lui faut. (I,1, v. 1–12)

Parle ici le prince absolu, pas le moins du monde le prince éclairé. Il se
prévaut d'un pouvoir qui ne dépend d'aucune mission, d'un pouvoir
soumis à rien, d'une puissance arbitraire violente, dégagée de toutes
lois, qui s'exerce sur les sujets. «L'État, c'est moi», avait dit Louis XIV,

Die Gestalten des Gestern werden zu Dolmetschern des Heute.
Max Wehrli, der Nestor der Schweizer Germanisten, hat das so gedeu-
tet: Das ist «kein müssiges Spiel, sondern das Werben um ... Vorbilder,
unterstützt durch ein Geschichtsdenken, das vom Mittelalter bis zum
18. Jahrhundert in Typen und Antitypen sieht und das Geschehen erst
dann verstanden hat, wenn ihm die gleichnishafte Beziehung auf Präfi-
gurationen der Bibel oder des klassischen Altertums [oder der eigenen
Geschichte] gelingt.»[16] Brutus – Tell – Henzi: das ist eine solche Beziehung. Der Vorgänger legitimiert je den Nachgeborenen.

Der Stoff war bekannt. Wichtige Quellen wurden eben ediert. Das
Thema lag in der Luft. Wie Friedrich Gundolfs Monographie über Cä-
sars Ruhm[17] eine europäische Geistesgeschichte eröffnet, so das Laby-
rinth der Tell-Forschung die Geschichte des Mythos Schweiz. Natürlich
wurde die Geschichtlichkeit Tells schon damals in Frage gestellt. Wo
aber verläuft die Grenze zwischen Sage und Geschichte? Kritische Berichte, die die historische Existenz Tells bezweifelten, wurden vom
Stand Uri, der Heimat Tells, kurzerhand verbrannt, und Uri erwartete,
dass die andern Orte der alten Eidgenossenschaft seinem Beispiel folgen
würden. Mit andern Worten: Geschichte ist nur eine Fable convenue.

Die Tragödie hebt an mit einer Art Regierungserklärung des Land-
vogts Grisler:

GRISLER Qui gouverne & connait la faine politique,
    Eleve jufqu'aux cieux fon thrône defpotique,
    C'eft en vain qu'on pretend depouillant fes hauteurs
    Se faire aimer du peuple & regner dans les cœurs.
    On voit evanouir la majefté royale
    Lorfque vers fes fujets un prince fe ravale;
    L'empire & la bonté ne peuvent compatir,
    Pour affermir le joug il faut l'appefantir,
    A l'afpect de fon maître il faut qu'un fujet tremble
    Ce refpect retreit le nœud qui les raffemble;
    Qui tient le fceptre en main doit être fier & haut
    Le peuple veut un maître & c'eft ce qu'il lui faut. (I,1, V. 1–12)

Hier spricht ein absoluter Fürst, kein aufgeklärter. Er pocht auf seine
auf keinem Auftrag beruhende, von jeder andern Macht unabhängige,
von allen Gesetzen entbundene willkürliche Gewalt über die Untertanen. «L'état – c'est moi» hat Ludwig XIV. gesagt. Und der Anspruch

avec cette prétention monstrueuse que reprend Grisler. De fait — si l'on peut se permettre la comparaison —, deux règnes reposant sur des pieds également fragiles. D'où ce ton excessif, cette façon quasi comique de se figer sur des formes et des gestes impériaux qui cachent mal une immense crainte individuelle. Le prince du XVIIIe siècle éprouve le moindre frémissement du feuillage comme un coup de tonnerre.

Werner, Baron d'Altinghauss, noble Helvétien, membre du conseil aulique de Grisler, le seul à dire ce qu'il pense, donne à Grisler un avertissement : qu'il ne tende pas l'arc à l'excès. Qui domine peut tomber de haut. Que l'on n'excite pas le peuple inutilement. Ce chapeau, à qui tout le monde doit la révérence, est aux yeux de Werner – comme aux yeux de tout homme des Lumières – le signe d'une barbarie à la fois horrible et ridicule, d'une idée odieuse. Henzi ignore que ce salut fut autrefois le rituel de la légalité médiévale. Chose que ne voulait ni ne pouvait plus savoir la source la plus ancienne de la légende de Guillaume Tell, le *Livre blanc* de Sarnen. Werner lance ses avertissements :

WERNER. ... Je ne connois que trop les peuples de ces monts,
　　Ne vous abuſés point, ce ſont de fiers lions,
　　Dont les cœurs indomtés dans les chaines gemiſſent,
　　Et contemplant leurs fers ſecretement fremiſſent,
　　La ſeule liberté pour eux a des appas,
　　C'eſt un bien qu'ils iroient arracher au trepas. (I,1, v. 63–68)

Que veut dire ici le mot de liberté ? Le *Journal helvétique* d'avril 1744 contient un dialogue entre Jules César et Guillaume Tell; le prologue dit : «La liberté dont on parle ici et dont on fait l'éloge est une liberté subordonnée aux lois et éloignée de la licence. La tyrannie que l'on y condamne est une tyrannie ouverte et déclarée.» Prologue et dialogue éclairent la notion de liberté telle qu'elle est en œuvre dans *Grisler*. L'un et l'autre sont très probablement de la plume de Henzi, alors rédacteur du *Journal*.

Liberté ne veut pas dire ici liberté individuelle, ni égalité, ainsi que le proclamera bientôt la Révolution. Henzi veut dire autonomie, souveraineté de la communauté dont il fait partie. Non pas la liberté *dans* l'État, ni *de* l'État; rien à voir avec l'indépendance anarchique. Liberté est bien plus ici le droit *à* l'État, le droit de participer au gouvernement, conformément aux lois et aux usages ancestraux. Ce droit, Henzi le voit

war gross und geschwollen – wie Grislers. In Wahrheit stand beider Herrschaft auf schwachen Füssen. Deshalb die hohen, die zu hohen Töne, deshalb das fast komische Sich-Klammern an Formen und imperiale Gesten, die im Grunde eine grosse eigene Angst verbergen. Darum wird für den barocken Fürsten ein zitternd Laub so schnell zu einem Donnerschlag.

Werner, le Baron d'Altinghauss, ein helvetischer Adliger, Mitglied von Grislers Hofrat, der einzige des Gremiums, der spricht und sagt, was er denkt, warnt den Landvogt: Grisler soll den Bogen nicht überspannen. Wer hoch steht, der fällt tief. Man soll das Volk nicht unnötig reizen. Der aufgepflanzte Hut, dem männiglich die Reverenz erweisen muss, ist für Werner (wie für die französischen Enzyklopädisten) eine schreckliche und gleichzeitig lächerliche Barbarei, ein schnöder Einfall. Henzi weiss nicht, dass dieser Gruss einmal ein Ritual mittelalterlicher Legalität gewesen war. Das konnte und wollte schon die älteste Quelle der Tell-Sage, das Weisse Buch von Sarnen, nicht mehr wissen. Werner warnt:

WERNER. ... Je ne connois que trop les peuples de ces monts,
　　　Ne vous abuſés point, ce ſont de fiers lions,
　　　Dont les cœurs indomtés dans les chaines gemiſſent,
　　　Et contemplant leurs fers ſecretement fremiſſent,
　　　La ſeule liberté pour eux a des appas,
　　　C'eſt un bien qu'ils iroient arracher au trepas. (I,1, V. 63–68)

Was heisst hier «liberté», Freiheit? Im *Journal Helvétique* vom April 1744 lesen wir im Vorwort zu einem Totengespräch zwischen Julius Cäsar und Wilhelm Tell: «La liberté dont on parle ici et dont on fait l'éloge est une liberté subordonnée aux loix et éloignée de la licence. La tirannie que l'on y condamme est une tirannie ouverte et déclarée.» Vorwort und Dialog erklären den Begriff der Liberté in *Grisler*. Beide stammen vielleicht von Henzi selber, der ja damals im Exil Redaktor des Journals war.

Mit «Freiheit» ist nicht die individuelle Freiheit und Gleichheit gemeint, wie sie bald die Französische Revolution proklamieren wird. Unter Freiheit versteht Henzi die Autonomie, die Souveränität des Gemeinwesens, von dem er ein Teil ist. Freiheit ist keine Freiheit *im* und *vom* Staat, sie hat nichts zu tun mit anarchischer Ungebundenheit. Freiheit ist hier vielmehr das Recht *zum* Staat, das Recht, selber zu regieren

menacé par la tyrannie ouverte, par l'absolutisme déclaré de Grisler –
en un mot : par l'oligarchie bernoise, laquelle s'arroge un pouvoir qui
ne lui revient ni de par le droit, ni de par la tradition.

Deux mots sur l'histoire de Berne. La ville et les terres alentour se
trouvaient au moyen âge dans une relation compliquée, mais vivable, de
troc. Du type : «Voici ce que je te donne. Que me donnes-tu en retour ?»
Ce rapport se modifia au XVIIe siècle. L'absolutisme l'emportant, la
Ville considéra bientôt la campagne comme sa propriété, au sens du
droit d'État et du droit privé.

La population de la Ville se partageait entre la grande majorité des
natifs et habitants privés de tous droits politiques (et qui devaient renou-
veler chaque année leur permis de séjour) et la toute petite minorité des
bourgeois admis aux fonctions publiques. Ces bourgeois cooptaient
parmi les leurs, et à vie, les membres du Grand et du Petit Conseil. Parmi
eux, les avoyers, les titulaires de postes à terme et les cinquante et un
baillis qui, politiciens de métier, contrôlaient l'administration des com-
munes rurales. A partir de 1651, le droit de bourgeoisie ne fut plus
accordé à personne. Les bourgeois entendaient rester entre eux, sans
partager avec d'autres les profits et les privilèges du gouvernement.
    Le souverain de cet État consistait donc en les Conseils et les Bour-
geois, en les Bourgeois en place au gouvernement ou admis au gouvernement. Ce souverain ne dépendait d'aucune autre puissance supérieure,
il était absolu. Parmi ceux qui étaient admis au gouvernement se détacha
bientôt le petit cercle de quelques rares familles qui régnèrent exclusive-
ment entre elles, en veillant par tous les moyens, légaux et illégaux, à ce
que leur cercle demeure clos et fermé à quiconque. En étaient pour leurs
frais les citoyens bourgeois qui auraient normalement dû accéder aux
fonctions publiques, mais qui étaient en réalité empêchés de toute participation gouvernementale, ces citoyens tenus à l'écart des postes, des
offices et des sources de revenus qui leur auraient assuré l'existence. Les
patriciens au pouvoir poussèrent plus loin : ils voulurent ôter aux bourgeois exclus des charges gouvernementales jusqu'à leurs droits politiques élémentaires. Il est significatif que la version allemande de la
justification du procès de Henzi commence par ces termes :

– gemäss den überkommenen Gesetzen und gemäss dem herkömmlichen Brauch. Dies Recht aber sieht Henzi durch die offene Tyrannei, durch den erklärten Absolutismus Grislers, sprich: der Berner Oligarchie, bedroht. Sie masst sich Macht an, die ihr nach Recht und Tradition nicht zukommt.

Ein kurzer Blick zurück in Berns Geschichte ist jetzt unerlässlich. Die Stadt Bern und das sie umgebende Land standen im Mittelalter in einem komplizierten, aber lebensfähigen Verhältnis des «Do, ut des». D.h.: «Hier, ich gebe dir dies. Was gibst du mir dafür?» – «Du gibst mir das? Dafür geb ich dir dies.» Dies Verhältnis änderte sich im 17. Jahrhundert. Mit dem wachsenden Absolutismus wurde die Landschaft von der Stadt bald in staats- und privatrechtlichem Sinn als Eigentum betrachtet.

Berns Stadtbevölkerung zerfiel in die grosse Masse der rechtlosen «Hintersassen» (deren Aufenthaltsgenehmigung jährlich erneuert werden musste) und die kleine Gruppe der regimentsfähigen Burger. «Regimentsfähig»: d.h. zum Regieren befähigt und berechtigt. Die Burger bestellten aus ihrer Mitte auf Lebenszeit den Grossen und den Kleinen Rat. Diesen gehörten die Schultheissen an und die Inhaber der Ämter auf Zeit, darunter die 51 Landvögte, die als Berufspolitiker die Selbstverwaltung der ländlichen Gemeinden überwachten. 1651 wurde das Burgerrecht geschlossen. Die Burger wollten unter sich bleiben und den Nutzen der Herrschaft nicht auf weitere Glieder verteilen.

Der Souverän dieses Staatswesens bestand also aus Rät und Burgern, aus den regierenden und den regimentsfähigen Burgern der Stadt. Er hatte keine andere Macht über sich – er war absolut. Unter den Regimentsfähigen schied sich aber bald ein kleiner Kreis von wenigen Familien aus, die allein wirklich regierten und mit allen Mitteln, legalen wie illegalen, dafür sorgten, dass ihr Kreis geschlossen blieb. Das Nachsehen hatten die regimentsfähigen, aber zum Regieren nicht zugelassenen Burger, die damit von den Ämtern und den existenzsichernden Einnahmequellen ferngehalten wurden. Ja, die regierenden Patrizier gingen noch weiter. Sie wollten den nicht regierenden Burgern sogar die Souveränität, d.i. die Burgerschaft und damit die politischen Rechte absprechen. Bezeichnenderweise beginnt die deutsche Fassung der Rechtfertigung des Henzi-Prozesses:

«Nous l'Avoyer, Petit et Grand Conseil de la Ville et République de Berne, savoir faisons à tout le monde, mais en particulier à Nos aimés et fidèles Sujets. ...»[18] Les citoyens tenus à l'écart du gouvernement, même pas mentionnés : ils ne sont que sujets soumis, simple propriété privée de droits des instances régnantes qui usurpent contre toutes lois leur pouvoir absolu.

Samuel Henzi était l'un de ces patriciens qui auraient dû avoir accès aux fonctions publiques, mais que le pouvoir tenait à l'écart. Il se sentait la victime d'un pouvoir usurpé. C'est contre cela qu'il luttait, comme Brutus contre César, comme Tell contre Grisler. Mais de même que les anciens Confédérés possédaient des sujets et des serfs (comme les républiques classiques de l'Antiquité et du moyen âge) et ne voyaient rien là d'illégal ou d'immoral, de même il allait de soi pour Henzi, qui se nommait patricien de Berne, que quelque cinq mille bourgeois pussent régner sur les sept mille natifs et les quatre cent mille sujets de l'arrière-pays, tous privés de droits politiques.

Qu'un tel État ait fonctionné, et bien fonctionné, cela témoigne d'un certain art de gouverner, d'un art qui a eu sa célébrité. Richard Feller, chroniqueur du Vieux Berne, a pu écrire : «Sur leurs vastes territoires, les patriciens n'avaient pas d'ennemis plus dangereux que leurs propres concitoyens.»[19] Pour Henzi, la chose était claire : les Grisler sont parmi nous ! Que l'on s'étonne : quels parallèles, quels réseaux, quelle gloire : Rome, Uri, Berne ! Brutus, Guillaume Tell, Henzi ! La hauteur du ton traverse et tient toute la pièce.

Mais comment briser le sceptre ? Comment regagner les anciennes libertés, c'est-à-dire l'ancien droit de gouverner, de participer aux bénéfices comme aux difficultés de l'État ? D'où Brutus, Tell et Henzi tirent-ils le droit à la résistance ? C'est qu'à l'ère de l'absolutisme le prince se dit le représentant de Dieu; il est l'autorité mise en place par la grâce de Dieu, naturelle et légitime. Celui qui s'y oppose ne commet-il pas un péché ? Si l'on pouvait répondre facilement à la question, Schiller lui-même n'aurait pas eu tant de peine à traiter le monologue de Tell et la scène de Jean le Parricide. Ce n'est pas seulement aux yeux de de Wattenwil, le défenseur officiel de Henzi, que Guillaume avait été, tout bonnement, un assassin.

Dans *Grisler*, les Helvétiens consultent l'oracle de leur temps : Nicolas de Fluë, homme politique devenu ermite, qui sauva de sa chute,

«Wir Schuldtheiss, Klein und Grosse Räthe der Statt und Respublic Bern thund kund und fügen zu wüssen... Jedermänniglich; Ins besonders aber Unseren getreuen lieben Angehörigen zu Statt und Lande. ...»[18] Die nicht regierenden Burger werden gar nicht erwähnt. Damit sind sie zu «Sujets» degradiert, zu Untertanen, zu rechtlosem Eigentum, zu blossen «Angehörigen» jener Regierenden, die gesetzeswidrig ihre absolute Macht usurpiert haben.

Samuel Henzi war ein solcher regimentsfähiger, doch vom Regieren ausgeschlossener Patrizier. Er fühlte sich als Opfer angemasster Macht. Und dagegen kämpfte er wie Brutus gegen Cäsar, wie Tell gegen Grisler. Wie aber die alten Eidgenossen Untertanen und Leibeigene besassen (analog den klassischen Republiken des Altertums und des Mittelalters) und darin nichts Widerrechtliches und Unmoralisches sahen, so war es auch für Henzi, der sich «Patricien de Berne» nannte, selbstverständlich, dass die regimentsfähigen knapp 5000 Burger der Stadt Bern um 1750 über 7000 Hintersassen und 400'000 Untertanen auf dem Lande herrschten, die politisch rechtlos waren.

Dass ein solcher Staat funktionierte und gut funktionierte, zeugt von hoher, berühmter Regierungskunst. Deshalb konnte Richard Feller, der Chronist des Alten Bern, schreiben: «Die Patrizier hatten in ihrem weiten Gebiet keinen gefährlicheren Feind als ihre eigenen Standesgenossen.»[19] Für Henzi war klar: Die Gessler sind unter uns! – Ich glaube, hier ist ein Wort des Staunens am Platz: Welche Parallelen, welche Bezüge, welche Gloire: Rom, Uri, Bern! Brutus, Tell, Henzi! Und der künstlerische Anspruch des Tons ist durch das ganze Stück ohne Abfall durchgehalten.

Wie aber das usurpierte Szepter brechen? Wie die alte Freiheit, d.h. das alte Recht, zu regieren und an Nutzen und Schaden des Staates zu partizipieren, wiedergewinnen? Woher nehmen Brutus, Tell und Henzi das Recht zum Widerstand? Im Zeitalter des Absolutismus ist der Fürst ja Stellvertreter Gottes, er ist von Gott gesetzte, natürliche und rechtmässige gnädige Obrigkeit. Begeht nicht Sünde, wer sich da widersetzt? Noch Schiller hätte mit Tells Monolog und der Parricida-Szene nicht soviel Mühe gehabt, wäre die Frage eindeutig zu beantworten. Denn nicht nur für Henzis Offizialverteidiger de Wattenwil war Tell rundweg ein Mörder.

In *Grisler* befragen die Helveter das Orakel ihrer Zeit: den zum Eremiten gewordenen Politiker Niklaus von Flüe, der 1481 die wach-

en 1481, la Confédération nouvellement agrandie. Il y a ici un splendide anachronisme, le frère Nicolas d'Obwald ayant bien vécu deux cents ans après Guillaume Tell. Mais il s'agit là d'une dimension supplémentaire qui enrichit la pièce, laquelle s'offre comme une sorte de palimpseste où s'accumulent les images et les exemples.

Werner apporte le billet de Nicolas de Fluë. Tell le lit et «le baise» (v. 552), geste rare dans la tragédie classique et qui, déjà dans l'esprit de Diderot, en dit bien plus que de longues paroles. On le comprend : il en va ici d'une chose sacrée. Là-dessus, Werner d'Altinghauss lit aux Helvétiens, arrivés entretemps, la lettre même de l'oracle :

> « Quand le berceau nous donne un Prince legitime
>   Son pouvoir n'eſt point limité;
> « Quand il nous paroit dur, quand ſa main nous opprime
>   C'eſt celle du ciel irrité.
> « A nos yeux eplorés Sa Majeſté ſacrée
>   Doit conſerver ce même éclat;
> « Et d'anges gardiens ſa perſonne entourée
>   Nous defend de troubler l'état;
> « Mais d'un ſceptre uſurpé l'injuſte violence
>   Quand elle accable des ſujets,
> « Quand leurs biens & leur vie en proye à ſa puiſſance
>   N'entretiennent que ſes forfaits
> « Par le peuple foulé, d'un droit que Dieu lui donne
>   Ce ſceptre doit être briſé;
> « Oui d'un tiran le ciel abandonne le throne
>   Et permet qu'il ſoit renverſé. (II,5, v. 585-600)

La première partie évoque la grâce divine, d'une façon qu'un Luther ou un Bossuet n'auraient pas désavouée : Dieu corrige et châtie celui qu'il aime. Mais la seconde partie légitime le meurtre du tyran : quand le sceptre se maintient au mépris de la loi, Dieu nous donne le droit de le briser. L'historien Johannes Müller a dit la même chose en ces termes : «Ceux qui règnent légitimement sont sacrés. Que les oppresseurs n'aient rien à craindre, voilà qui n'est ni nécessaire, ni bon.»[20]

Gentilhomme et humaniste, Tell loue la clarté du message, qui se distingue de façon bienvenue des ambiguïtés jadis inhérentes aux oracles. Mais où est la limite entre tel châtiment, expression de l'amour

sende Eidgenossenschaft vor dem Zerfall rettete. Es handelt sich hier
um einen prachtvollen Anachronismus – der Obwaldner Niklaus von
Flüe lebte ja 200 Jahre nach Tell. Doch das gibt nur eine weitere Schicht
in Henzis Stück, das wir als eine Art Palimpsest aus Bildern und Vorbil-
dern lesen.

Die Helveter erhalten den bestellten Spruch. Tell liest ihn – und
dann «küsst er das Billet», mit einer der in der klassischen Tragödie so
seltenen Geste, die, schon im Sinn Diderots, mehr sagt als viele Worte.
Man spürt: Hier geht es um Allerheiligstes. Darauf liest Werner d'Altinghauss den inzwischen eingetroffenen Helvetern den Wortlaut des
Orakels vor:

« Quand le berceau nous donne un Prince legitime
     Son pouvoir n'eſt point limité;
  « Quand il nous paroit dur, quand ſa main nous opprime
     C'eſt celle du ciel irrité.
  « A nos yeux eplorés Sa Majeſté ſacrée
     Doit conſerver ce même éclat;
  « Et d'anges gardiens ſa perſonne entourée
     Nous defend de troubler l'état;
  « Mais d'un ſceptre uſurpé l'injuſte violence
     Quand elle accable des ſujets,
  « Quand leurs biens & leur vie en proye à ſa puiſſance
     N'entretiennent que ſes forfaits
  « Par le peuple foulé, d'un droit que Dieu lui donne
     Ce ſceptre doit être briſé;
  « Oui d'un tiran le ciel abandonne le throne
     Et permet qu'il ſoit renverſé. (II,5, V. 585–600)

Henzi evoziert in der ersten Hälfte des Orakelspruchs das Gottes-
gnadentum, wie es Luther und Bossuet nicht besser hätten verteidigen
können: Gott züchtigt den, den er liebt. Doch im zweiten Teil legitimiert
er den Tyrannenmord: Wenn das Zepter widerrechtlich angeeignet ist,
gibt Gott das Recht, es zu brechen. Dasselbe hat der Historiker Johannes
von Müller so gesagt: «Gesetzmässige Regenten sind heilig; dass Unter-
drücker nichts zu fürchten haben, ist weder nöthig noch gut.»[20]

Tell, als Gentilhomme und Humanist, rühmt die Klarheit des Orakels, das sich wohltuend abhebe vom fragwürdigen Scharfsinn der alten
doppeldeutigen Sprüche. Doch wo verläuft die Grenze zwischen einer

de Dieu, et tel autre, simple arbitraire du despote ? En somme, l'oracle
demeure toujours obscur. Mais pas pour le Tell de Henzi. La décision
s'impose à lui : Grisler doit tomber. En tuant le tyran, les Helvétiens ne
commettront pas de crime. Avec enthousiasme, ils interprètent le message comme le consentement de Dieu. Et Henzi de porter un coup à
l'ensemble des pasteurs de Berne, l'Église et l'État y étant depuis longtemps sur la même longueur d'ondes.

*

Il est beaucoup question, dans *Grisler*, de monts, de bergers, d'air
et d'eau, de nature, d'innocence, de pureté, d'honneur, de liberté, laquelle prend aussi le nom d'obéissance. Ce faisant, Henzi tend un miroir au
souverain de Berne, c'est-à-dire aux bourgeois admis aux fonctions
publiques – comme l'avait fait dans *Les Alpes* (1732) son rival littéraire
Albrecht de Haller. Ce miroir, c'est la République des anciens Helvètes
et Confédérés, dont la souveraineté et l'autonomie, sur le modèle classique, dont la parcimonie et la rudesse doivent servir de modèle au souverain qui court le danger de se noyer dans le luxe de l'absolutisme. *Les
Alpes* et *Grisler* évoquent un deuxième âge d'or; non pas celui qui vous
fait tomber les cailles toutes rôties dans la bouche; mais bien celui que
vous inspire la vision du monde réel de la montagne. Là, ce ne sont pas
les souffles ininterrompus des zéphyrs, mais ceux des rudes vents en
provenance du Nord.

Henzi et de Haller savent évidemment que ce type d'Helvétiens
n'existe plus, si tant est qu'il ait jamais existé. Haller fait l'éloge du
montagnard qui fait fi de cet or qui coule dans l'Aar :

Le berger voit ce trésor qui coule à ses pieds :
Leçon pour le monde ! Il le voit et le laisse passer.
(Genève, éd. Mini-Zoé, 1995, trad. de Jean Graven, p. 54)

Une note, pourtant, apporte sa correction prosaïque : «Dans les mon-
tagnes, on ne recueille pas l'or; les gens de l'Alpe sont trop riches pour
cela. Mais en bas dans la plaine, à Aarwangen et à Baden, les plus pau-
vres le font.»[21]
N'empêche, le monde de la montagne demeure idéal, critère,
modèle. L'image de rêve, qui n'est pas un simple cliché, n'est nullement
épuisée. L'innocence des bergers et bergères est certes un vieux lieu
commun. Mais tout dépend de la façon dont le poète le réanime et le
réactive. Henzi, ce Suisse qui perçoit les tendances de l'époque avec un

Züchtigung, die Ausdruck von Gottes Liebe, und einer, die blosse Willkür eines Despoten ist? Das Orakel bleibt im Grunde dunkel wie eh und je. Allerdings nicht für Henzis Tell. Seinem freien Willen fällt der Entscheid leicht: Grisler soll fallen. Die Helveter begehen kein Verbrechen, wenn sie den Tyrannen morden. Das geistliche Orakel deuten sie begeistert als Zustimmung des Himmels. Und Henzi verpasst Berns Pfarrherrschaft einen Hieb, denn Kirche und Staat waren hier längst gleichgeschaltet.

*

In *Grisler* ist viel von Bergen, Hirten, Luft, Wasser die Rede, von Natur, Unschuld, Reinheit, Ehrlichkeit, von Freiheit, die auch Gehorsam heisst. Damit hält Henzi Berns Souverän, also den regimentsfähigen Burgern, einen Spiegel vor – nicht anders als sein literarischer Rivale Albrecht von Haller in seinen «Alpen». Die Republik der alten Helveter und Eidgenossen, deren Souveränität und Autonomie nach klassischem Muster, deren Kargheit und Härte sind Vorbild für einen Souverän, der im Luxus des Absolutismus zu ersaufen droht. Die *Alpen* und *Grisler* evozieren ein zweites Goldenes Zeitalter – doch keines, in dem einem die gebratenen Tauben ins Maul fliegen, vielmehr eines, das aus der Anschauung der realen Bergwelt gewonnen ist. Da wehen nicht pausenlos Zephire, da gibt es auch den rauhen Nordwind.

Henzi und Haller wissen natürlich, dass es diese Helveter nicht mehr gibt, wenn es sie je gegeben haben sollte. Haller rühmt den Bergler, der das Gold, das in der Aare mitfliesst, liegen lässt:

Der Hirt sieht diesen Schatz, er rollt zu seinen Füssen,
O Beispiel für die Welt, er siehts und lässt ihn fliessen.

Doch in der Anmerkung ergänzt er nüchtern: «In den Gebürgen wird kein Gold gewaschen, die Alpen-Leute sind zu reich dazu. Aber unten im Lande beschäftigen sich die ärmsten Leute um Aarwangen und Baden damit.»[21]

Dennoch bleibt die Welt der Berge Ideal, Massstab, Vorbild. Das Traumbild ist kein blosses Klischee. Es ist in keiner Weise abgenützt. Die Unschuld der Schäfer und Schäferinnen ist zwar ein alter Topos. Es kommt aber darauf an, dass und wie ein Dichter das Alte als neu erscheinen lässt. Henzi, der als Schweizer die Strömungen der Zeit mit einer

certain retard culturel, parvient comme pour la première fois, si j'en crois mon oreille, à mettre en forme des alexandrins tragiques, de ces alexandrins dont les possibilités, chez un Voltaire à la même époque, semblent s'épuiser.

Certes, Henzi se moque du théâtre de son temps. Il écrit à Bodmer : «Vous savez bien que les Français ne regarderaient pas plus d'une minute un spectacle exempt d'histoire d'amour.»[22] D'où son idée de faire du fils de Tell une fille, Edwige. L'inspiration a pu lui en être fournie par une sculpture du XVIIe siècle qui montre Tell en présence d'une jeune fille. Et il donne à Grisler un fils, Adolphe. Les jeunes gens tombent amoureux l'un de l'autre, d'où résultent des collisions de devoirs. Des modèles connus vous viennent à l'esprit. Mais la manière dont Henzi, épigone, dessine le couple témoigne d'une maîtrise langagière et d'une exactitude psychologique qui cherchent leurs pareils. En exemple, ces vers par lesquels Adolphe décrit sa première rencontre avec Edwige :

ADOLPHE. ... Vous favez, qu'autrefois mes plus grandes delices
Etoient de fuivre un daim par mille precipices,
Donner la chaffe au cerf, au fanglier dans nos monts
Et faire de mon cor raifonner les vallons.
Mais un jour dans ces bois, au bord d'une fontaine
Je vis une beauté, mais beauté plus qu'humaine;
Puiffai-je en vous traçant fon portrait enchanteur,
Un peu de mes ennuys adoucir la rigueur !
Sa taille avantageufe & fon port de Princeffe
Sur l'Olympe auroit fait une grande Déeffe;
Ses rofes & fes lys font au premier printêms,
Des yeux noirs bien fendus, gracieux mais perçans,
Un nez des mieux formés, une bouche vermeille,
Un tout enfin charmant en font une merveille.
Mais d'avoir tant d'attraits elle ne le fait pas ... (II,2, v. 429–443)

La lumière d'Arcadie plane sur ce récit. Et Edwige a les traits d'une Artémis portée par la grâce d'Ovide.

Les autres étapes du drame, nous les apprenons essentiellement par des récits. Edwige raconte le tir de la pomme, comment elle l'a vécu, dans la cour du château de Zwing-Uri [Dompte-Uri], devant le vieux tilleul. Un page raconte le saut de Tell hors de la barque, et son tir. L'«ambition» du pouvoir usurpé des César, des Gessler et des oligarques

gewissen Kulturverspätung wahrnimmt, gelingt es, für meine Ohren, wie
zum ersten Mal tragische Alexandriner zu dichten, deren Möglichkeiten
sich bei einem Voltaire zur gleichen Zeit schon zu erschöpfen scheinen.
Zwar mokiert sich Henzi über das Theater der Zeit: «Sie wissen
wohl,» schreibt er an Bodmer, «dass die Franzosen ohne Liebesge-
schichte keinem Spectacul eine einige Minute zuschaueten.»[22] Deshalb
macht er aus dem Tell-Knaben die Tochter Edwige. Dazu war er vielleicht auch angeregt durch eine Holzskulptur des späten 17. Jahrhunderts, die Tell mit einem Mädchen zeigt. Und er gibt Grisler einen
Sohn Adolphe. Die Kinder verlieben sich ineinander. Das ergibt span-
nende Kollisionen der Pflichten. Bekannte Muster kommen einem in
den Sinn. Aber wie Henzi als Epigone das Liebespaar zeichnet, das
zeugt von einer sprachlichen Meisterschaft und einer psychologischen
Genauigkeit, die ihresgleichen sucht. Ich gebe als Beispiel ein paar Verse, in denen Adolphe seine erste Begegnung mit Edwige schildert:

ADOLPHE. ... Vous ſavez, qu'autrefois mes plus grandes delices
      Etoient de ſuivre un daim par mille precipices,
      Donner la chaſſe au cerf, au ſanglier dans nos monts
      Et faire de mon cor raiſonner les vallons.
      Mais un jour dans ces bois, au bord d'une fontaine
      Je vis une beauté, mais beauté plus qu'humaine;
      Puiſſai-je en vous traçant ſon portrait enchanteur,
      Un peu de mes ennuys adoucir la rigueur !
      Sa taille avantageuſe & ſon port de Princeſſe
      Sur l'Olympe auroit fait une grande Déeſſe;
      Ses roſes & ſes lys ſont au premier printêms,
      Des yeux noirs bien fendus, gracieux mais perçans,
      Un nez des mieux formés, une bouche vermeille,
      Un tout enfin charmant en font une merveille.
      Mais d'avoir tant d'attraits elle ne le fait pas ... (II,2, V. 429–443)

Ein arkadisches Licht liegt über dieser Erzählung. Und Edwige hat Züge
einer Artemis von Ovids Gnaden.
Die weiteren Stationen des Dramas erfahren wir vornehmlich aus
Berichten: Edwige erzählt den Apfelschuss, wie sie ihn im Schlosshof
von Zwing Uri vor der alten Linde stehend erlebt hat. Ein Page erzählt
den Tellsprung und Tells Geschoss. Der «Ehrgeiz», «l'Ambition» der
usurpierten Macht der Cäsaren, Gessler und Berner Oligarchen ist be-

de Berne se voit enfin punie. Le déroulement se fait presque d'un trait
jusqu'à l'apothéose de la «liberté conservée». Tell s'adresse à tous les
Helvétiens et leur tient un discours enflammé dont la chute déclenche
les acclamations des auditeurs :

TELL. De tant d'interêts joints l'inebranlable appui
    Nous garantira tous de la force d'autrui.
    Maintenons entre nous cet heureux equilibre
    Qui nous egalifant rend chacun de nous libre.
    Que perfonne entre nous puiffe avoir des emplois
    Que pour executer l'ordonnance des loix.
    Mais fur tout ayons foin que dans notre regence
    Ne domine jamais l'infolente opulence
    Ni que l'or triomphant par d'indignes appas
    Vers les honneurs ne prenne à la vertu le pas.
    Point d'exemple entre nous, que la magiftrature,
    Sans la vertu d'un pere, en fon fils encor dure,
    Et qu'une race fiere enfin par fes projets,
    De fes concitoyens fe faffe des fujets.
    Abjurons à jamais d'un ferment falutaire
    Dans toute l'Helvetie un pouvoir arbitraire !
    D'entre nous banniffons fon ufurpation
    Ayons fon fouvenir en execration.
    Et fi de nos neveux la rufe politique
    Tendoit à retablir le pouvoir tirannique
    Que la foudre du ciel puiffe tomber fur eux !

UN HELVETIEN Ah qu'ils ne naiffent point, ces mortels
    malheureux !
    Ou fi jamais venoit cette engeance funefte,
    Que l'eau foit leur poifon & que l'air foit leur pefte !

UN AUTRE HELVETIEN Que la terre infidele enfonçe fous leurs
    pas !

UN 3ᴹᴱ HELVETIEN Que l'enfer les brulant ne les confume pas !
                          (V,6, v. 1939–1964)

straft. Die Szene geht fast nahtlos über in die Apotheose der «Liberté conservée». Tell wendet sich an alle Helveter und hält eine flammende Rede. Das Ende mit den Zurufen des Publikums lautet:

Tell. De tant d'interêts joints l'inebranlable appui
    Nous garantira tous de la force d'autrui.
    Maintenons entre nous cet heureux equilibre
    Qui nous egalifant rend chacun de nous libre.
    Que perfonne entre nous puiffe avoir des emplois
    Que pour executer l'ordonnance des loix.
    Mais fur tout ayons foin que dans notre regence
    Ne domine jamais l'infolente opulence
    Ni que l'or triomphant par d'indignes appas
    Vers les honneurs ne prenne à la vertu le pas.
    Point d'exemple entre nous, que la magiftrature,
    Sans la vertu d'un pere, en fon fils encor dure,
    Et qu'une race fiere enfin par fes projets,
    De fes concitoyens fe faffe des fujets.
    Abjurons à jamais d'un ferment falutaire
    Dans toute l'Helvetie un pouvoir arbitraire !
    D'entre nous banniffons fon ufurpation
    Ayons fon fouvenir en execration.
    Et fi de nos neveux la rufe politique
    Tendoit à retablir le pouvoir tirannique
    Que la foudre du ciel puiffe tomber fur eux !

Un Helvetien Ah qu'ils ne naiffent point, ces mortels
      malheureux !
    Ou fi jamais venoit cette engeance funefte,
    Que l'eau foit leur poifon & que l'air foit leur pefte !

Un autre Helvetien Que la terre infidele enfonçe fous leurs
      pas !

Un 3ᵐᵉ Helvetien Que l'enfer les brulant ne les confume pas !
                              (V,6, V. 1939–1964)

On a pu blâmer la richesse de vocabulaire de cette scène et songé même
à l'ajout d'une main étrangère, sans considérer le modèle que suit Henzi : le discours que Brutus adresse aux Romains dès après la mort de
César, selon la tradition à laquelle Shakespeare lui-même se plie. Il nous
faudrait d'ailleurs avoir le vaste horizon d'un Ernst Curtius pour pouvoir inventorier et interpréter toutes les références culturelles ici convo-
quées[23] .

L'image idéale du nouvel État (qui prend appui sur ce que l'État a
été dans le passé), le modèle que Henzi a esquissé dans son Mémorial
substantiel[24], Guillaume Tell le résume dans sa tirade de cinquante vers,
lesquels sont d'un pathos contenu et d'une justesse conforme au droit
public. Ses louanges visent les vieilles libertés, celles qui animent les
Helvétiens, les Confédérés et les bourgeois de Berne. Que je me répète,
il ne s'agit ici aucunement de la liberté individuelle, de celle que proclamera la Révolution française; il s'agit de l'autonomie collective d'un
corps solidement constitué en face de l'extérieur et dont la cohésion
interne maintient une juste balance entre ses membres inégaux. C'est la
liberté conçue selon une démocratie ancienne, pré-révolutionnaire,
organisée selon droits et devoirs. Comment la bourgeoisie bernoise en
est arrivée jadis à gagner cette liberté-là, par quelles voies et par quels
détours, tel n'est pas le thème de la pièce de Henzi.

La fin, comme l'incipit, revient à Grisler. Il a changé. Agonisant, il
s'améliore. Il voit en quoi il a failli. Il légitime la résistance de Tell et
l'interprétation qu'il a faite de l'oracle. Il bénit le couple d'Edwige et
d'Adolphe :

GRISLER. Mais la mort me furprend... O ciel ! mon ame emue
          Quitte ce trifte corps; ma force diminue
          Approchés vous, Edwige ! Adolphe ! approchez vous.
          Que je vous voye unis & le trepas m'eft doux.
          Enfans vivés heureux ! Et que la jouiffance
          Des biens les plus réels foit votre recompenfe !
          Radouciffe le ciel par fes plus grands bienfaits
          L'amertume des maux que Grisler vous a faits !
          Tell ! tendés moi la main... Ah ! mon cœur vous pardonne
          Pere de ces enfans, que je vous abandonne
          Donnés à mon efpoir la confolation
          De confommer pour moi leur prochaine union.
          Jufte Dieu ! je me meurs...

Man hat den Wortreichtum dieser Szene gerügt und gar an einen Zusatz
von fremder Hand gedacht, doch dabei das Muster übersehen, dem
Henzi folgt: nämlich Brutus' Rede an die Römer, unmittelbar nach Cä-
sars Tod – gemäss der Überlieferung, der auch Shakespeare verpflichtet
ist. Man müsste den Horizont eines Ernst Robert Curtius[23] haben, um
alle Bezüge über die Zeiten hinweg erkennen und deuten zu können.

Das Idealbild eines neuen Staates (der aus einem Rückgriff auf die
Vergangenheit hervorgeht), das Modell, das Henzi in seiner umfangrei-
chen deutschen Denkschrift[24] entworfen hat – Tell fasst es in seiner
Rede in fünfzig Verse. Sie sind von nüchternem Pathos und staatsrecht-
licher Stimmigkeit. Ihr Lob gilt der alten Freiheit, die die Helveter, die
Eidgenossen und Berns Burger beseelt. Es ist dies, ich wiederhole mich,
mitnichten die individuelle Freiheit, die die französische Revolution
proklamiert: es ist die kollektive Autonomie eines nach aussen fest
gefügten Körpers, dessen innerer Halt die richtige Balance ungleicher
Glieder ist. Es ist die Freiheit einer alten, vorrevolutionären, im Recht
und in der Pflicht gestuften Demokratie. Wie die historischen Berner
Burger einst diese Freiheit gewonnen hatten, auf welchen Wegen und
Schleichwegen – das ist nicht Thema von Henzis Stück.
     Der Schluss gehört (wie der Anfang) Grisler. Er hat sich gewandelt.
Sterbend bessert er sich. Er sieht ein, worin er gefehlt hat. Er legitimiert
Tells Widerstand und dessen Deutung des Orakels. Er segnet das Paar
Edwige und Adolphe:

Grisler. Mais la mort me furprend... O ciel ! mon ame emue
     Quitte ce trifte corps; ma force diminue
     Approchés vous, Edwige ! Adolphe ! approchez vous.
     Que je vous voye unis & le trepas m'eft doux.
     Enfans vivés heureux ! Et que la jouiffance
     Des biens les plus réels foit votre recompenfe !
     Radouciffe le ciel par fes plus grands bienfaits
     L'amertume des maux que Grisler vous a faits !
     Tell ! tendés moi la main... Ah ! mon cœur vous pardonne
     Pere de ces enfans, que je vous abandonne
     Donnés à mon efpoir la confolation
     De confommer pour moi leur prochaine union.
     Jufte Dieu ! je me meurs...

Edwige   C'en eſt fait, il expire !

Adolphe Mon ame gagne & perd tout ce qu'elle deſire.

Tell Ah ! tardive vertu ! Quel eſt ton triſte ſort !
     Ton premier rayon meurt dans l'ombre de la mort !
                                            (V,7, v. 2007–2022)

Celui qui parlait haut, voici qu'il meurt sur des mots simples et sur de
simples gestes. Il accepte l'espoir du *Magnificat : Deus deposuit potentes*, Dieu a jeté les puissants du haut de leurs trônes (Luc, 1,52).

                                    *

Ce dénouement est celui que se rêve Henzi. Or l'«ambition» à punir, à
laquelle il pensait en rédigeant sa tragédie, ne s'améliore pas. Elle est
plus forte que Henzi lui-même. Hélas, au mépris de celui qui a pour lui
le droit, le vainqueur demeure la plupart du temps, dans la réalité, celui
qui détient le pouvoir.

   A Berne, la «tirannie ouverte et déclarée»[25] ne se verra punir qu'avec
l'arrivée des Français et la fin de l'ancienne Confédération (1798). Bien
que Henzi ait longtemps passé, dans l'histoire bernoise officielle, pour
une sorte de vermine politique, les historiens actuels pensent que le
Vieux Berne aurait été, avant la Révolution, dans une tout autre assiette
si ses propositions de réformes, répétées, avaient été prises au sérieux.
Et la Suisse aurait pu s'épargner le détour par cette République helvétique dictée par Napoléon (laquelle n'avait précisément rien à voir
avec l'image que Henzi se faisait des Helvétiens et des Confédérés).
Dans trois romans, le vieil Haller a réfléchi sur les grandeurs et les
misères des diverses formes d'État et reconnu le danger que court une
communauté quand l'aristocratie donne dans l'oligarchie et le despo-
tisme. Ses vues n'eurent toutefois guère d'effet pratique.

   Certains mouvements qui se sont manifestés en d'autres endroits
de la Suisse et qui sont comparables au *Burgerlärm* bernois connurent
les mêmes échecs. Seuls Lavater et Füssli eurent un certain succès à
Zurich : ils réussirent du moins à porter Gredel, le bailli tyrannique,
devant le tribunal. Mais quand un masque à l'effigie de Guillaume Tell
fut chargé de faire la critique de ces Messieurs de Berne, vers 1790, on
le jeta sans autres dans la tour. Fronts on ne peut plus durcis.

                                    *

EDWIGE   C'en eſt fait, il expire !

ADOLPHE Mon ame gagne & perd tout ce qu'elle deſire.

TELL Ah ! tardive vertu ! Quel eſt ton triſte ſort !
Ton premier rayon meurt dans l'ombre de la mort !
                                        (V,7, V. 2007-2022)

Der so hoch sprach, stirbt mit einfachen Worten und Gesten. Er akzep-
tiert die Hoffnung des *Magnificat: Deus deposuit potentes.*

                                    *

Dies Ende ist Henzis Wunschtraum. Die «Ehrsucht», an die er bei der
Abfassung der Tragödie zuerst und zuletzt dachte, bessert sich nicht. Sie
ist stärker als Henzi. Ohne Rücksicht darauf, wer die besseren Gründe
habe für sein Recht, siegt, leider, in der Wirklichkeit meist der, der mehr
Macht hat.

Berns «tirannie ouverte et déclarée»[25] findet ihre Strafe erst mit
dem Einmarsch der Franzosen und dem Ende der alten Eidgenossenschaft (1798). Obwohl Henzi in der offiziellen Berner Geschichtsschrei-
bung lange als eine Art politischer Borkenkäfer galt, vertreten heutige
Historiker die Ansicht, das alte Bern wäre anders dagestanden vor der
Revolution, hätte es Henzis wiederholte Reformvorschläge ernst genommen. Und die Schweiz hätte sich den Umweg über die von Napoleon dik-
tierte «Helvetik» (die eben gerade nichts zu tun hatte mit Henzis Bild der
Helveter und Eidgenossen) ersparen können. Der alte Haller hat noch in
drei Staatsromanen über Glanz und Elend der verschiedenen Staatsfor-
men nachgedacht und die Gefahr erkannt, in die ein Gemeinwesen ge-
rät, wenn eine Aristokratie zur Oligarchie und Despotie verkommt.
Doch seine Gedanken hatten kaum praktische Wirkung.

Dem Berner Burgerlärm vergleichbare Vorstösse in andern Orten
der Schweiz scheiterten ebenfalls. Erfolg hatten einzig Johann Kaspar
Lavater und Heinrich Füssli in Zürich: Ihnen gelang es wenigstens, den
tyrannischen Landvogt Hans Felix Grebel vor Gericht zu ziehen. Als
aber um 1790 in Bern eine als Tell vermummte Maske die gnädigen
Herren kritisierte, wurde sie kurzerhand in den Turm geworfen. So verhärtet waren die Fronten.

                                    *

Le mérite de cette tragédie de Grisler n'a pas encore été reconnu. Même Manfred Gsteiger, l'éditeur de la version en facsimilé de l'original français, y voit en premier chef un document sur le mythe de Guillaume Tell. Les commentateurs de Henzi[26] déclarent – sans fonder leur avis – que *Grisler* est une tragédie française «typique», plate, pleine de belles paroles, de tirades harmonieuses et de personnages falots. Là, manque de compréhension pour la dialectique politique et pour l'agilité de l'argumentation, lesquelles situent Henzi dans le sillage d'un Corneille. Là, manque d'oreille pour la virtuosité stylistique du vers et pour son style soutenu, pour – si je puis dire – la latinité alpine de la diction.

Tels sont les effets du jugement que Lessing a porté sur le classicisme français, les effets de son préjugé, ...lui qui avait pourtant commencé une tragédie sur Henzi en alexandrins classiques. Depuis Lessing, nous avons, nous autres germanophones, bien du mal avec Corneille et Racine, au point que le *Trauerspiel* baroque allemand, celui d'un Gryphius et d'un Lohenstein, nous demeure étranger.

Quantité de mises en scène d'opéras baroques l'ont prouvé au cours de ces vingt ou trente dernières années : que la forme n'est pas nécessairement creuse, que le style soutenu peut parfaitement se révéler naturel et plein d'humanité, pour peu que les interprètes ne soient pas des marionnettes et se montrent capables de faire entendre les harmoniques et les sons intermédiaires de la partition dramatique. On signalera dans ce contexte que Simon Werle a publié de nouvelles traductions de Racine qui ont réveillé notre intérêt pour le théâtre français et qui ont mis fin à l'anathème prononcé par Lessing[27].

Dans ces nouvelles circonstances, la tragédie de Henzi aura-t-elle la chance d'être créée à la scène?[28]

*

La présente introduction a été prononcée le 3 novembre 1989 à Vienne lors d'un colloque sur Grillparzer dédié au thème «Histoire et littérature dramatique». Son auteur, alors metteur en ondes au studio bernois de la radio suisse alémanique, avait en projet la mise en ondes de Grisler en allemand. Il trouva en Kurt Steinmann le traducteur expérimenté, disposé à se lancer dans ce travail à la fois neuf et difficile. La

Die Tragödie ist bisher kaum nach Verdienst gewürdigt worden. Selbst für Manfred Gsteiger, den Herausgeber der Faksimile-Ausgabe des französischen Originals, ist das Stück in erster Linie ein Dokument des Tell-Mythos. Henzis Kritiker[26] sagen – ohne ihr Urteil zu begründen –, *Grisler* sei «typische» französische Tragödie, er sei flach, habe schöne Worte, wohlklingende Tiraden und blasse Figuren. Es fehlt ihnen das Verständnis für die politische Dialektik, die Leichtigkeit der Argumentation, mit der Henzi Corneille kaum nachsteht. Es fehlt das Ohr für die sprachliche Virtuosität der Verse und deren hohen Stil, für die alpine Latinität der Diktion.

Da wirkt Lessings Urteil über die französische Klassik nach, das Vorurteil Lessings, der selber mit einer Henzi-Tragödie in klassischen Alexandrinern begonnen hatte... Seit Lessing haben wir Deutschsprachigen ja so viel Mühe mit Corneille und Racine; selbst das originale deutsche barocke Trauerspiel eines Gryphius und Lohenstein ist uns fremd geblieben.

Dass Form nicht hohl sein muss, dass hoher Stil durchaus natürlich und menschlich sein kann, wenn nur die Darsteller keine Puppen sind und fähig, die Unter- und Zwischentöne der dramatischen Partitur hörbar zu machen, das haben in den letzten 20 Jahren viele Inszenierungen barocker Opern gezeigt. In diesen Zusammenhang gehören auch Simon Werles neuartige Racine-Übersetzungen, die uns das französische Theater näher gebracht und Lessings Bann gebrochen haben.[27]

Ob in diesem neuen Umfeld auch Henzis Gessler-Stück eine Chance der Uraufführung hat?[28]

*

Diese Einführung wurde am 3. Nov. 1989 in Wien im Rahmen des Grillparzer-Forums über das Thema «Geschichte und Drama» gehalten. Der Referent, damals Hörspielleiter Bern bei RDRS, plante eine Radioinszenierung des Werks in deutscher Sprache. In Kurt Steinmann fand er den erfahrenen Übersetzer, der bereit war, sich in die schwierige neue Materie einzuarbeiten. Die Produktion wurde unterstützt durch

production a été soutenue par la Fondation bernoise pour la radio et la
télévision. La première diffusion eut lieu dans le cadre des «700 ans de
la Suisse» et des «800 ans de la Ville de Berne», le 1er juin 1991, à
21 h., sur DRS 2, le texte étant légèrement écourté. La distribution était
la suivante :
Grisler: Michael Thomas. Lienhard: Hanspeter Müller. Werner: Horst
Christian Beckmann. Adolph: Daniel Kasztura. Tell: Amido Hoffmann.
Hedwig: Katja Amberger. Rosine: Silvia Jost. Zwei Helveter: Wolfgang
Grabow, Michael Schacht. Wächter: Peter Hasslinger.
Technique et montage: Helmut Dimmig. Version radiophonique / Mise
en ondes: Urs Helmensdorfer. Durée : 94'35".

Notes

[1] Nous condensons ici des formules qui apparaissent dans le *Manifeste au*
sujet de la Conspiration découverte à Berne, en juillet MDCCXLIX. Les
deux versions, allemande et française, se trouvent aux Archives du Canton
de Berne. Cf. aussi Maria Krebs, *Henzi und Lessing*, Bern 1903, p. 41 et
suiv.

[2] Cité d'après Manfred Gsteiger, *Telldramen des 18. Jahrhunderts*, éd. par
M. Gsteiger et Peter Utz, Bern-Stuttgart, Haupt, 1985, p. 89. *Grisler ou*
l'ambition punie y est reproduit en facsimilé d'après l'édition originale de
1762. Postface de M. Gsteiger, p. 87 à 100.

[3] Id. *ibid.* p. 89.

[4] Machiavel, *Le Prince, Discours, La Mandragore*, Lausanne, éd. Rencontre,
1968; «Discours», Livre I, chap. 12, p. 158 et Livre II., chap. 12, p. 286–
87 (par la Suisse et les Suisses, il faut entendre avant tout Berne et les
Bernois). Richard Feller, *Geschichte Berns*, Bern, 1955, t. 3, «Glaubenskämpfe und Aufklärung», p. 441 et 727.

[5] Voir note 1.

[6] Gottfried Ephraim Lessing, Lettres de 1753, voir la note 6 du texte allemand. Les 22e et 23e lettres contiennent le fragment de Lessing sur Henzi.

[7] Cité dans *Hallers Literaturkritik*, éd. par Karl S. Guthke, Tubingue, 1970,
p. 65 et suiv. Ndtr. : Le poème d'Albrecht de Haller, *Les Alpes*, vient d'être
réédité aux éd. Mini-Zoé, Genève, 1995, dans une traduction de Jean
Graven, et avec une préface de Ute Heidmann-Vischer.

[8] Cité par Maria Krebs, voir note 1, p. 53.

[9] Voir Carl. J. Burckhardt, «Jacques Barthélemy Micheli du Crest», dans
Betrachtungen und Berichte, Zurich, 1964, p. 165–208.

[10] Voir note 7.

[11] On suppose qu'il s'agit de Neuchâtel.

[12] Voir note 2, p. 87–100.

die Berner Stiftung für Radio und Fernsehen. Die erste Ausstrahlung des Hörspiels (im Rahmen «700 Jahre Schweiz» und «800 Jahre Zähringerstadt Bern») fand am 1. Juni 1991, 21 Uhr, auf DRS 2 statt – mit leicht gekürztem Text und in folgender Besetzung:

Grisler: Michael Thomas. Lienhard: Hanspeter Müller. Werner: Horst Christian Beckmann. Adolph: Daniel Kasztura. Tell: Amido Hoffmann. Hedwig: Katja Amberger. Rosine: Silvia Jost. Zwei Helveter: Wolfgang Grabow, Michael Schacht. Wächter: Peter Hasslinger. Technik und Schnitt: Helmut Dimmig. Radiofassung/Regie: Urs Helmensdorfer. Dauer: 94'35".

Anmerkungen

[1] Formulierung im Todesurteil, abgedruckt in der deutschen Rechtfertigung der bernischen Obrigkeit, S. 14 f.; siehe Anmerkung 5. Staatsarchiv des Kantons Bern.

[2] *Telldramen des 18. Jahrhunderts*, Bd. 9 der «Schweizer Texte», hg. von Manfred Gsteiger und Peter Utz, Bern-Stuttgart 1985, enthält S. 9–85 *Grisler* als Fotoreprint der Ausgabe von 1762, Nachwort von Manfred Gsteiger, S. 91.

[3] Vgl. Manfred Gsteiger (siehe Anm. 2), S. 89.

[4] Vgl. Macchiavelli, *Discorsi*, dt. von Rudolf Zorn, Stuttgart ^{2}1977, I. Buch, 12. Kap. und II. Buch, 12. Kap. (unter «Schweiz» ist wohl vor allem «Bern» zu verstehen) und Richard Feller, *Geschichte Berns*, Bern 1955, Bd. 3 «Glaubenskämpfe und Aufklärung», S. 441 und 727.

[5] *Manifest, ansehend die im Julio 1749. in der Statt Bern entdeckte Conspiration./Manifeste, au sujet de la Conspiration découverte à Berne, en juillet MDCCXLIX.* Beide Versionen im Staatsarchiv des Kantons Bern; der Verfasser scheint nicht ermittelt. Vgl. Maria Krebs, *Henzi und Lessing. Eine historisch-literarische Studie*, Neujahrsblatt der Literarischen Gesellschaft Bern auf das Jahr 1904, Bern 1903, S. 41 f.

[6] G. E. Lessing, «Briefe (1753)», in *Lessings Werke*, hg. von Julius Petersen und Waldemar v. Olshausen, Stuttgart (Bong) o. Jg., Bd. 8, S. 154– 173 (22. und 23. Brief mit Lessings Fragment *Samuel Henzi, Ein Trauerspiel*).

[7] Zit. in *Hallers Literaturkritik*, hg. von Karl S. Guthke, Tübingen 1970, S. 65 f.

[8] Zit. in Maria Krebs (siehe Anm. 5), S. 53.

[9] Vgl. Carl J. Burckhardt, «Jacques Barthélemy Micheli du Crest» in *Betrachtungen und Berichte*, Zürich 1964, S. 165–208.

[10] Siehe Anm. 7.

[11] Der Druckort ist nicht ermittelt; man möchte Neuchâtel vermuten.

[12] Vgl. Anmerkung 2, S. 87–100.

[13] Ces données biographiques sont tirées entre autres de l'article «Henzi» du *Dictionnaire historique et biographique de la Suisse*, Neuchâtel, 1928, t. IV, p. 68–69.

[14] Selon l'expression de M. Gsteiger, note 2, p. 95.

[15] Lettre de Johann Jacob Bodmer du 17 octobre 1748, citée d'après J.-J. Baebler, *Samuel Henzi's Leben und Schriften*, Aarau, 1879, p. 77 et suiv. Citée aussi par M. Gsteiger, cf. note 2, p. 96.

[16] Voir la note 16 du texte allemand.

[17] Friedrich Gundolf, *César, Histoire et légende*, Paris, 1933, trad. de Marcel Beaufils.

[18] Début du *Manifeste* de 1749, en allemand. Cf. note 1.

[19] Richard Feller, *Geschichte Berns*, t. 3, p. 700. Voir aussi la deuxième partie de la note 4.

[20] Johannes von Müller, à la fin du chapitre Tell de la version élargie de ses *Histoires de la Confédération suisse*. Cf. la note 20 du texte allemand.

[21] Cf. la note 21 du texte allemand.

[22] Lettre à Bodmer du 10 octobre 1748, citée d'après Baebler – voir note 15 – p. 77.

[23] Ernst Robert Curtius, *La Littérature européenne et le moyen âge latin*, PUF, 1956, trad. de Jean Bréjoux.

[24] Voir la note 24 du texte allemand.

[25] Formule qui introduit le «Dialogue entre César et Guillaume Tell» dont l'auteur est supposé être Samuel Henzi, *Journal helvétique*, avril 1744, p. 361.

[26] Voir Baebler, note 15, p. 76 et suiv.; Maria Krebs, note 1, p. 18–21; P.-O. Walzer, «De quelques héros», Genève, 1943, p. 16–17, «Henzi qui écrivit une tragédie Grisler qu'il voulait vengeresse et qui n'est qu'ennnuyeuse.» En revanche, voir Fritz Ernst, voir note 20, p. 35; et Reinhardt Stumm, *Theater Heute*, 1988, n° 6, p. 36.

[27] Voir Urs Helmensdorfer, «Der deutsche Racine», in *Neue Zürcher Zeitung*, du 31 janvier 1988. Simon Werle, né en 1957, a fait des études de lettres et de philosophie; il vit à Munich. Il a traduit Jarry, Genet, Racine, Molière. De Racine: *Phèdre, Andromaque, Bérénice, Britannicus*, Verlag der Autoren.

[28] voir note 26, Reinhardt Stumm.

(Traduction: Béatrice Perregaux)

[13] Die biographischen Angaben nach Hans Tribolets Artikel «Henzi» im Historisch-biographischen Lexicon der Schweiz, Neuenburg 1927, Band IV, S. 186 f.

[14] Vgl. Manfred Gsteiger (siehe Anm. 2), S. 95.

[15] Brief Johann Jakob Bodmers vom 17. Oktober 1748, zit. nach J. J. Baebler, *Samuel Henzi's Leben und Schriften*, Aarau 1879, S. 77 f.

[16] Max Wehrli, «‹Wär ich witzig, hiess ich nicht der Tell›», in *Hortulus Amicorum*, Fritz Ernst zum 60. Geburtstag, Zürich 1949, S. 193; vgl. zum geistigen Hintergrund auch Max Wehrli, *Humanismus und Barock*, Spolia Berolinensia, Berliner Beiträge zur Mediävistik, hg. von Fritz Wagner und Wolfgang Maaz, Bd. 3, Hildesheim und Zürich 1993, S. 133–171.

[17] Friedrich Gundolf, *Cäsar, Geschichte seines Ruhms*, Berlin 1924.

[18] Eingang des deutschsprachigen Manifests von 1749, siehe Anm. 5.

[19] Richard Feller, *Geschichte Berns*, Bd. 3, S. 700 (siehe Anm. 4).

[20] Johannes von Müller am Schluss des Tell-Kapitels der erweiterten Fassung seiner «Geschichten Schweizerischer Eidgenossenschaft», in *Sämmtliche Werke*, hg. von Johann Georg Müller, Bd. 8, S. 311. Vgl. Fritz Ernst, *Wilhelm Tell, Blätter aus seiner Ruhmesgeschichte*, Zürich 1936, S. 51.

[21] *Die Gedichte des Herrn von Haller*, Zürich ⁶1750, S. 26.

[22] Brief Henzis an Bodmer vom 10. Oktober 1748; zit. nach Baebler (siehe Anm. 15), S. 77.

[23] Ernst Robert Curtius, *Europäische Literatur und lateinisches Mittelalter*, Bern ¹1948.

[24] «Samuel Henzi's und seiner Mitverschworenen Denkschrift über den politischen Zustand der Stadt und Republik Bern im Jahr 1749», abgedruckt «mit historischen Erläuterungen und Berichtigungen» in *Helvetia, Denkwürdigkeiten der 22 Freistaaten der Schweizerischen Eidgenossenschaft*, Bd. 1, S. 401–448.

[25] Formulierung in der Einleitung zum Totengespräch «Dialogue entre Jules César et Guillaume Tell», als dessen Autor Henzi vermutet wird; erschienen im *Journal Helvétique*, April 1744, S. 361.

[26] Vgl. Baebler (siehe Anm. 15), S. 76 f, Krebs (siehe Anm. 5), S. 18–21, und Pierre-Olivier Walzer, *De quelques héros*, Genève 1943, S. 16 f: «... Henzi qui écrivit ... une tragédie Grisler ... , qu'il voulait vengeresse et qui n'est qu'ennuyeuse.» Vgl. dagegen Fritz Ernst (siehe Anm. 20), S. 35 f und Reinhardt Stumm: «Revolution in der Schweiz. Kritiker über ungespielte oder wiederzuentdeckende Stücke, Vorschläge für die Theater heute – Folge 14», in *Theater heute*, 6/1988, S. 36 f.

[27] Vgl. Urs Helmensdorfer, «Der deutsche Racine», in *Neue Zürcher Zeitung*, Literaturbeilage vom 31.1.1988. Simon Werle, geb. 1957, studierte Romanistik und Philosophie, lebt in München. Übersetzungen von Jarry, Genet, Racine, Molière. Von Racine liegen in Werles Übersetzung vor: *Phädra/Andromache* (1986) und *Berenike/Britannicus* (1987), Theaterbibliothek im Verlag der Autoren (Frankfurt a. M.).

[28] Vgl. Reinhardt Stumm (Anm. 26).

Note sur la traduction

Kurt Steinmann

En 1990, M. Urs Helmensdorfer, alors metteur en ondes de pièces ra-
diophoniques au Studio de Berne de la DRS (Radio de la Suisse alémanique), m'invita à traduire, pour la première fois, la tragédie de Samuel
Henzi qui traite de Guillaume Tell. L'offre s'adressait à l'helléniste que
j'étais, jusqu'alors traducteur de quelques tragédies grecques : *Œdipe-
Roi* de Sophocle, l'*Alceste, Les Troyennes* et *Les Bacchantes* d'Euripide.
La perspective que j'avais choisie pour traduire les œuvres de l'Antiquité,
celle de la traduction que j'appellerais «documentaire», se donnait pour
but – tout en renonçant à la transposition exacte des formes métriques –
de traduire de façon exhaustive, de ne rien omettre du texte initial et de
ne rien lui ajouter non plus; elle visait à conserver sans les altérer les
représentations et les images du texte premier. Or c'est la même attitude
qui présida à la traduction du (seul) poème dramatique que nous ait laissé Samuel Henzi, homme de lettres, Bernois de l'Ancien Régime écrivant
en français.

Henzi a composé son œuvre sur Guillaume Tell en des alexandrins
très ingénieux. Alors que l'allemand fait alterner les syllabes accentuées
et non accentuées, le vers français repose sur le compte des syllabes,
l'accentuation se trouvant déterminée dans chaque cas par le rythme. Si
l'alexandrin allemand menace de conduire à la monotonie, l'alexandrin
français est au contraire un mètre d'une grande mobilité musicale. Conserver dans la langue d'arrivée la «grille» du vers et de la rime, ce serait
sacrifier le respect rigoureux que l'on doit à la lettre même du texte de
départ.

Notre version opte pour une prose fortement rythmée, ce qui produit des sortes de vers non rimés, à la manière d'avant la réforme
d'Opitz[1], c'est-à-dire sans alternance stricte de syllabes accentuées et
non accentuées. La longueur normale des lignes varie de dix à quinze
syllabes, dans des rythmes flexibles qui se rapprochent tantôt du iambe,
tantôt du trochée, et qui cherchent à compenser la perte en rigueur for-
melle par une diction proche de la prose. La mise en onde de cette version a d'ailleurs prouvé qu'elle se prêtait à la profération, à l'oralité.

Dans la postface qui accompagne sa réédition en facsimilé, Manfred
Gsteiger[2] dit que la tragédie de Henzi serait «née, pure œuvre de cabinet,

Zur Übertragung

Kurt Steinmann

1990 beauftragte mich Dr. Urs Helmensdorfer, damals Hörspielleiter des Studios Bern bei Radio DRS, mit der Erstübertragung von Samuel Henzis Tell-Drama. Die Einladung erging an einen Altphilologen, der bisher einige griechische Tragödien ins Deutsche übertragen hatte: Die *Alkestis*, *Die Troerinnen* und *Die Bacchantinnen* des Euripides und den *Oidipus Tyrannos* des Sophokles. Die in der Übertragung der antiken Dramen gewählte Übersetzungstechnik des «dokumentarischen» Übersetzens, die sich unter Verzicht auf die exakte Transposition metrischer Formen als Ziel setzt, vollständig zu übersetzen und nichts, was dasteht, wegzulassen, nichts hinzuzufügen, und die die ursprünglichen Vorstellungen und Bilder unverfälscht zu bewahren sucht, sollte auch auf das vom französisch schreibenden Schriftsteller des bernischen Ancien Regime, dem frankophonen homme de lettres Samuel Henzi verfasste (einzige) Theaterstück angewandt werden.

Henzi schrieb sein Tell-Stück in kunstvollen Alexandrinern. Während im Deutschen betonte und unbetonte Silben alternieren, ist der französische Vers silbenzählend, und die jeweilige Betonung wird vom Rhythmus bestimmt. Droht der deutsche Alexandriner zu ermüdender Monotonie zu führen, so stellt der französische ein Versmass musikalischer Beweglichkeit dar. Das Vers- und Reim-«Gitter» in der Zielsprache zu bewahren, erkauft sich nur mit dem Verlust an rigoroser Strenge gegenüber dem Wortlaut der Ausgangssprache.

Unsere Übersetzung wählt eine stark rhythmisierte Prosa, was eine Art reimlose Verse in voropitzscher Manier ergibt, also ohne streng alternierende Hebungen und Senkungen. Die (normale) Länge der Zeilen variiert zwischen 10 und 15 Silben in jambischen, oft auch zum Trochäus wechselnden Rhythmen, die den Verlust an formaler Strenge durch prosanahe Sprechbarkeit auszugleichen suchen. Die Sprechbarkeit hat die Übersetzung in der radiophonischen Gestaltung durch die Hörspieler bewiesen.

Manfred Gsteiger meint im Nachwort seiner Ausgabe des französischen Textes[1] , Henzis Tell-Stück sei «fern von jeder Inszenierungspraxis

en dehors de toute pratique théâtrale». Cela n'est que l'avis tout personnel du critique. Certes, la pièce n'a encore jamais été portée à la scène ;
mais la densité et la beauté des images, la concentration très dramatique
de quantité de scènes, l'impressionant dessin de certains personnages, le
haut pathos de la liberté, le sérieux et la dignité de la discussion politique, tout cela milite aujourd'hui en faveur d'une réalisation scénique.
On mettra au compte des bizarreries du commerce littéraire et théâtral le
fait que cet œuvre n'ait encore jamais été traduite en allemand, ni montée
en français, sa langue originale. Cette œuvre à l'abandon mérite sans
conteste d'être mise en scène. Le style adéquat nous en semblerait être le
suivant : appui essentiel sur le verbe, accent porté sur le contenu politique, rejet de tout épais naturalisme.

Cette première version allemande, que nous avons dû élaborer –
dictionnaires mis à part – sans l'aide de commentaires ou d'interprétati-
ons, se donne pour but de rendre ce «Tell-Drama» accessible au lecteur
germanophone, et d'attirer son attention sur la langue exquise du
Bourgeois de Berne, langue savamment travaillée, d'une rhétorique bril-
lante, aux rimes choisies.

L'année 1999 marquera les deux-cent-cinquante ans de l'exécution
de Samuel Henzi, homme politique, poète et journaliste. Son poème dramatique, écrit plus de cinquante ans avant que Schiller ne se mette à son
Guillaume Tell à lui, aura-t-il d'ici là, ou en cette année-là, les honneurs
de la scène ? Nous avons une dette à l'endroit de Samuel Henzi, non
seulement envers la victime de la lutte contre les usurpateurs du pouvoir
absolu, mais aussi envers le poète dont l'œuvre est entre nos mains.

(version française: Béatrice Perregaux)

Notes

[1] Note de la traductrice: Martin Opitz, poète allemand né en Silésie
(1597–1639). Il réforma la métrique et substitua aux lois du nombre des
syllabes un vers fondé sur l'accentuation (*Le Livre de la poésie allemande*,
1624)

[2] Manfred Gsteiger/Peter Utz, Hrsg., *Telldramen des 18. Jahrhunderts*, Paul
Haupt, Bern, 1985, p. 98.

als reines Schreibtischdrama entstanden». Dies ist nicht mehr als eine Behauptung. Zwar ist das Stück meines Wissens noch nie auf die Bühne gebracht worden, aber die Prägnanz und Schönheit der sprachlichen Bilder, das Heraufführen dramatisch geballter Szenen, die Zeichnung eindrücklicher Figuren, das hohe Pathos der Freiheit und der Ernst und die Würde der politischen Diskussion empfehlen das Drama für eine theatralische Vergegenwärtigung. Es gehört zu den Seltsamkeiten des Literaturbetriebs, dass dieses Werk bisher noch nicht übersetzt und auch in seiner Originalsprache noch nicht aufgeführt worden ist. Es ist eines der bislang noch nie aufgeführten Stücke, die zweifellos eine Inszenierung auf der Bühne verdienten. Sie wäre meines Erachtens eine stark auf das Wort gestellte, würde den politischen Kerngehalt akzentuieren und jeden plumpen Naturalismus vermeiden.

Unsere Erstübertragung, die abgesehen von Wörterbüchern ohne Hilfsmittel wie etwa Kommentare und Interpretationen auskommen musste, nimmt für sich in Anspruch, Henzis Tell-Drama dem deutschsprachigen Leser zu erschliessen und ihn zu veranlassen, der erstaunlich kunstvollen, rhetorisch ausgeklügelten, brillanten, mitunter gedrechselten Sprache des Berner Burgers Samuel Henzi seine Aufmerksamkeit zuzuwenden.

1999 werden seit der Hinrichtung des Politikers, Publizisten und Dichters Samuel Henzi 250 Jahre vergangen sein. Wird bis dann sein Tell-Stück, rund 50 Jahre vor Schillers *Wilhelm Tell* entstanden, erstmals auf die Bühne gelangt sein? Nicht nur am Opfer des Kampfes gegen die Usurpatoren absoluter Macht, sondern auch am Dichter Henzi hat die Welt einiges gutzumachen.

Anmerkung

[1] Manfred Gsteiger/Peter Utz, Hrsg., *Telldramen des 18. Jahrhunderts*, Paul Haupt, Bern, 1985, S. 98.

Le français de Henzi : ambition à punir ?

Béatrice Perregaux

Grisler ou l'ambition punie a été publié treize années après la décapitation de son auteur. On ignore tout de l'état où il avait laissé son manuscrit. Envisageait-il réellement de publier sa tragédie telle quelle ? Lui prévoyait-il au contraire des remaniements ?[1] On ignore tout, aussi , de l'éditeur qui a eu le mérite de la sauver, éditeur bien intentionné et très particulièrement incompétent.

Le fait est que le texte, reproduit ici selon l'édition originale[2], appelle quantité de remarques. Je ne m'appesantirai pas sur l'orthographe, qui est encore plus bâclée et moins systématique que ne l'admettaient les usages, laxistes, de l'époque: orgueil peut soudain s'écrire *orgeuil* (v. 1575); menace devient *ménaçe*; les angoisses, des *angeoises* (v. 1820); quand on lit les *reines d'un Empire* (v. 30), il faut deviner qu'il s'agit de ses rênes. L'orthographe des formes verbales n'est pas davantage respectée : mentionnons au hasard cet *attrista* du v. 1842 qui oublie qu'il est un imparfait du subjonctif, attristât. La ponctuation et les accents – graves, aigus, circonflexes – manifestent les mêmes fantaisies, sans compter que l'original comporte de petites taches d'imprimerie qui rendent souvent incertaine l'identification du signe.

La prosodie et la versification

1. Vers incomplet, mauvaise alternance des rimes

Tout d'abord, il y a de l'irrégularité dans le traitement du vers. Celui qui porte le numéro 1445, incomplet, n'est qu'un hémistiche (aux allitérations maladroites !) : *Qu'on me laisse ici seul.* Avant et après lui, quatre vers à rimes masculines (*furieux, yeux, destin, sein*), ce qui contrevient à la convention de l'alternance de rimes masculines et féminines. L'acte IV se clôt par un vers sans écho : *Sans grâce, de sa tête. / Il me semblait moi-même* (v. 1598), *moi-même* ne rimant avec rien. La conséquence de ce qui vient d'être signalé, c'est que la numérotation des vers, de 1446 à 1598, se note à l'inverse de ce qui est l'usage. Celui-ci prévoit : rimes *a - a*, chiffre impair, puis chiffre pair. Or du v. 1446 au v. 1598 on commence par le chiffre pair. Il importait d'en avertir le lecteur.

Das Französisch von Henzi: Sträflicher Ehrgeiz?

Béatrice Perregaux

Grisler ou l'ambition punie ist dreizehn Jahre nach der Enthauptung des Autors gedruckt worden. Unbekannt ist, wie das hinterlassene Manuskript aussah. Wollte Henzi das Stück tatsächlich so veröffentlichen? Beabsichtigte er es für die Veröffentlichung zu überarbeiten?[1] Niemand weiss es, niemand kennt auch den Herausgeber oder den Drucker, der es mit den besten Absichten gerettet, zum grössten Teil aber ohne die nötige Sachkunde publiziert hat.

Jedenfalls bedarf der Text, wie er hier nach der Originalausgabe[2] reproduziert ist, zahlreicher Anmerkungen. Ich will nicht zu viel Gewicht auf den orthographischen Pfusch und die fehlende Systematik legen: orgueil wird plötzlich *orgeuil* (V.1575), menace zu *ménaçe*, les angoisses zu *des angeoises* (V.1820); wer *reines* [Königinnen] *d'un Empire* (V.30) liest, muss erraten, dass damit rênes [Zügel] gemeint ist. Die Orthographie der Verbformen ist nicht besser respektiert: nehmen wir nur das *attrista* von V. 1842, das vergisst, dass es ein Imperfekt des Subjonctif ist: attristât. Der Umgang mit Interpunktion und Akzenten – graves, aigus, circonflexes – ist nicht weniger phantasievoll; Abdruckspuren von Satzmaterial im Originaldruck machen es zudem oft schwer, die Zeichen zweifelsfrei zu identifizieren.

Verslehre und Verskunst

1. Unvollständige Verse, schlechte Reimfolge

Vorerst sind viele Unregelmässigkeiten in der Behandlung der Verse festzustellen. V.1445 etwa ist unvollständig, ein Halbvers (mit ungeschickten Alliterationen!): *Qu'on me laisse ici seul*. Davor und danach finden sich vier Verse mit männlichen Reimen (*furieux, yeux, destin, sein*), was der Regel widerspricht, dass männliche und weibliche Reime abwechseln. Der 4. Akt schliesst mit einem Vers ohne Echo: *Sans grâce, de sa tête. / Il me semblait moi-même* (V.1598), wobei *moi-même* sich auf nichts reimt. Die Konsequenz ist, dass die Numerierung von V.1446 bis 1598 der Regel entgegen läuft, wonach bei den Reimpaaren *a – a* das erste eine ungerade, das zweite eine gerade Verszahl hat. Nun beginnt die Zählung der Paare von V.1446 bis 1598 mit der geraden Zahl; darauf müssen die Leser achten.

2. Hémistiches de cinq ou de sept syllabes

Une bonne douzaine d'hémistiches sont faux. Parfois, il serait aisé de corriger. Au v. 240, *jusqu'à vous noircir* s'allongerait facilement en *jusques à vous noircir*; ou *Le chemin en est plus court* (v. 246) s'améliorerait en *Le chemin est plus court*, d'autant mieux que le *en* redouble incorrectement le *y* du vers précédent. Au v. 1154, il suffirait d'écrire *chaînes* au pluriel pour que le *e* de *chaîne* soit prononcé ; au v. 1318, on remplacerait *dans* par *en*; l'hémistiche du v. 1670 – *quoiqu'encor sanglante* – se rétablirait si l'on ajoutait un *e* à *encor*, ... ce qui n'en supprimerait d'ailleurs pas la cacophonie (koikenkor). Au v. 2002, on gagnerait, du double point de vue de la métrique et de la langue, à écrire : *Je verse tout mon sang sans en être offensé*, ce qui rétablirait le nombre obligé des syllabes, mais aboutirait à... cinq nasales et cinq sifflantes : allitérations et assonances bien mal venues. Quant aux vers 348 et 1343 (hémistiches de sept syllabes avec *e* muet accentué avant la césure) ou aux vers 1261 et 1346 (sept syllabes) et 498 et 812 (cinq),... il faudrait tout bonnement les récrire. Pour faire bon poids, signalons enfin que certains vers, archaïques, sont d'une facture réprouvée dès la seconde moitié du XVIe siècle. Par exemple, ce vers 1778 – *Et notre innocence nous obtient la victoire* – où l'accent tonique de la sixième syllabe porte malencontreusement sur un *e* atone, muet, placé avant la césure. On a affaire ici à des vers de mirliton.

3. La diérèse

L'usage de la diérèse, qui révèle à son tour une oreille des moins sensibles, demande un court développement. Que le lecteur se souvienne : la prosodie française peut dire *ruine* en une seule syllabe, en un seul groupe vocalique, ou *ru-ine* en deux syllabes dissociées. Dans le premier cas, on parle de synérèse; dans le second, de diérèse. Les bons auteurs recourent à la diérèse pour obtenir un allongement qui collabore au sens, un effet d'insistance. Henri Morier conclut l'article *Diérèse* de son *Dictionnaire* par ces termes : «Solennité, tristesse, émotion profonde, poésie»[3]. Que l'on se rappelle la *Bérénice* de Racine :

> Antiochus, à Bérénice :
> *Rome vous vit, Madame, arriver avec lui* [Titus].
> *Dans l'Ori-ent désert quel devint mon ennui !* (v. 233–34)

2. Halbverse mit fünf oder sieben Silben

Ein gutes Dutzend der Halbverse ist falsch. Bisweilen wären sie einfach zu korrigieren. In V. 240 liesse sich *jusqu'à vous noircir* leicht in *jusques à vous noircir* verlängern oder *Le chemin en est plus court* (V. 246) sich in *Le chemin est plus court* verbessern, insbesondere auch, weil das *en* unkorrekterweise das *y* des vorangehenden Verses verdoppelt. In V. 1154 müsste man nur den Plural *chaînes* schreiben, damit das e von *chaîne* gesprochen wird, in V. 1318 kann *en* das *dans* ersetzen, und der Halbvers 1670 – *quoiqu'encor sanglante* – würde gerettet, wenn ein *e* dem *encor* angefügt würde ... was allerdings die Kakophonie (*koikenkor*) nicht eliminiert. V. 2002 gewänne sowohl im Hinblick auf die Metrik wie auf die Sprache, wenn er *Je verse tout mon sang sans en être offensé* lautete, was immerhin die nötige Zahl von Silben brächte, aber auch nicht weniger als fünf Nasale und fünf Zischlaute, durchaus unerwünschte Alliterationen und Assonanzen. Bei den Versen 348 und 1343 (Halbverse mit sieben Silben und einem betonten stummen *e* vor der Zäsur), 1261 und 1346 (sieben Silben), 498 und 812 (fünf) liesse sich nicht vermeiden, sie ganz umzuschreiben. Schliesslich und endlich sind manche altertümliche Verse von einer Machweise, die seit der zweiten Hälfte des 16. Jahrhunderts verpönt ist. Beispielsweise V. 1778 – *Et notre innocence nous obtient la victoire* –, wo der tonische Akzent der sechsten Silbe unglücklicherweise auf ein unbetontes, stummes *e* ausgerechnet vor der Zäsur fällt. Das sind Gelegenheitsverse.

3. Die diérèse

Der Gebrauch der diérèse, der hier ebenfalls ein wenig empfindliches Ohr verrät, muss kurz erläutert werden. Der Leser möge sich erinnern: die französische Verslehre erlaubt, *ruine* als eine Silbe, als eine Lautgruppe auszusprechen, aber auch als *ru-ine* in zwei Silben zu trennen. Im ersten Fall wird von synérèse gesprochen, im zweiten von diérèse. Gute Autoren benutzen die diérèse, um mit einer sinngemässen Verlängerung Eindringlichkeit zu erreichen. Henri Morier schliesst den Artikel *Diérèse* in seinem *Dictionnaire* folgendermassen: «Feierlichkeit, Traurigkeit, tiefe Bewegung, Poesie»[3]. Dazu sei an *Bérénice* von Racine erinnert:

Antiochus, zu Bérénice:
Rome vous vit, Madame, arriver avec lui [Titus].
Dans l'Ori-ent désert quel devint mon ennui ! (V. 233–34)

Ce distique, où se distribuent savamment les *v* et les *r* et qui s'achève sur le terme fort d'*ennui* (au XVIIe s., violent désespoir, grand tourment moral), ne se contente pas d'évoquer l'Orient, mais s'attarde désolamment sur l'*Ori-ent*.

Or Henzi, ou son éditeur, affectionne le procédé sur les noms qui se terminent en *i-eux, i-ons*. Mais avec une pesanteur qui blesse l'oreille, surtout quand s'y ajoutent les allitérations et les assonances incontrôlées. A cet égard, un summum, dans la dernière tirade de Tell, où le héros parle du pouvoir arbitraire :

> *D'entre nous bannissons son usurpati-on,*
> *Ayons son souvenir en exécrati-on* (v. 1955–56)

Un tel distique, que le lecteur m'en croie, ne passe pas la rampe : son accumulation de *s* déclenche l'hilarité. Il n'est dicible ni au XVIIIe siècle, ni de nos jours. Autre cas malencontreux à l'oreille française :

> *Donnez à mon espoir la consolati-on*
> *De consommer pour moi leur prochaine uni-on* (v. 2017–18)

Outre que la phrase, tarabiscotée, est d'une syntaxe fautive (Grisler mourant demande à Tell d'accomplir, d'achever à sa place le mariage d'Adolphe et d'Edwige), on se trouve en face d'une versification servile, laquelle compte sur ses doigts le nombre des syllabes plutôt que de se mettre au service de la poésie. S'il me fallait procurer, par contraste, une diérèse en *i-on* qui porte la charge d'une immense volupté, je citerais *Correspondances*, sonnet où Baudelaire évoque des parfums *riches et tri-omphants*,

> *Ayant l'expansi-on des choses infinies,*

vers où la diérèse, jointe aux nasales et à la liaison, assure l'effet des longs, persistants et pénétrants effluves du parfum. *Grisler ou l'ambition punie* use abondamment, que dis-je, abuse des diérèses alambiquées (cf. les v. 271–72, 677–78, 707–08, 766–67, 771–72, 909–10, etc.). Sans compter ces innombrables Helvéti-ens au pas singulièrement pesant !

Dieses Verspaar, wo sich gekonnt die *v* und die *r* verteilen und am Ende das starke Wort *ennui* steht (im 17. Jh. tiefe Enttäuschung, grosse seelische Qual), begnügt sich nicht damit, den Orient zu beschwören, sondern verzögert trostlos zu *Ori-ent.*

Henzi (oder sein Herausgeber) hingegen neigen zu diesem Vorgehen bei Substantiven, die auf *i-eux* oder *i-ons* enden – mit einer Schwere, die das Ohr verletzt, insbesondere wenn dazu noch unkontrollierte Alliterationen und Assonanzen kommen. Ein «Höhepunkt» ist da die letzte Tirade Tells, wo es dem Helden um die Willkür der Macht geht:

> *D'entre nous bannissons son usurp*ati-on,
> *Ayons son souvenir en exécr*ati-on (V. 1955–56)

Ein solcher Vers, der Leser möge mir glauben, kommt nicht über die Rampe: die Anhäufung der *s* provoziert Heiterkeit. Das ist weder im 18. Jh. noch heute sprechbar. Ein anderer Unglücksfall für französische Ohren:

> *Donnez à mon espoir la consol*ati-on
> *De consommer pour moi leur prochaine un*i-on (V. 2017–18)

Abgesehen davon, dass die Syntax des geschraubten Satzes falsch ist (der sterbende Grisler bittet Tell, an seiner Stelle die Heirat zwischen Adolph und Hedwig zu vollenden): das ist eine sklavische Verversung, die mehr Wert auf das Abzählen der Silben an den Fingern legt als sich in den Dienst der Poesie zu stellen. Wenn ich – als Kontrast – eine diérèse mit *i-on* angeben soll, die das Gewicht eines ungeheuren Hochgenusses hat, zitiere ich *Correspondances*, das Sonett, in dem Baudelaire Gerüche *riches et triomphants* evoziert,

> *Ayant l'expan*si-on *des choses infinies,*

einen Vers, in dem die diérèse mit den Nasallauten und der Bindung den Eindruck langer, bleibender und durchdringender Ausdünstung des Parfums beschwört. *Grisler ou l'ambition punie* übernutzt die diérèse, ja missbraucht sie (siehe V. 271–72, 677–78, 707–08, 766–67, 771–72, 909–10 etc.) – abgesehen von den unzähligen Helvéti-ens mit ihrem schwerfälligen Tritt!

4. Les inversions

L'alexandrin admet l'inversion, jusqu'à un certain point. Henri Morier déjà cité précise que les poètes se refusent à dissocier par l'inversion des expressions toutes faites, comme, par exemple, *prendre la poudre d'escampette*, à dissocier «des termes qui ne revêtent un sens qu'autant qu'ils restent unis et dans un ordre cristallisé». On n'écrira jamais :

> *Enfin quand d'escampette ils auraient pris la poudre.*

Or *Grisler* offre de tels cas. On y trouve la locution *passer l'éponge* (le mot d'*éponge* étant assez... novateur, voire hugolien, vu qu'il est encore proscrit du vocabulaire tragique) et voici comment il l'exploite :

> *Si vous pouviez Seigneur, par un effort sensé*
> *Arracher ce vif trait de votre coeur blessé,*
> *Et passer de l'oubli l'éponge sur ces charmes...* (v. 479–81)

Dissociation franchement comique. Morier insiste : le poète pratique l'inversion «dans les seuls cas où la prose les tolère». Le seul vers 1870 a ce tour de force qu'il dissocie jusqu'à deux locutions courantes : blessé à mort et jeter par terre :

> *Le jette d'un seul coup à mort blessé par terre.*

Vers d'autant plus hilarant que le français voudrait ici non pas jeter par terre (on jette des papiers par terre, on se roule par terre), mais jeter à terre, dont les synonymes sont jeter à bas, abattre, renverser. On n'est plus ici dans la tragédie, mais dans sa pure et simple parodie. L'auteur de *Grisler* est encore ici celui de l'*Homère travesti*, œuvre qui lui a valu le surnom de Scarron bernois[4].

5. Liaisons, allitérations et assonances, chute du vers

Pour le premier point, ce seul exemple : *L'Helvéti-en est né* (v. 151) offre, de par la liaison obligatoire, l'horreur phonique de *nèné*. Pour le deuxième point, le vers 1817/1818, *Du poison de la crainte / Et de son glaçant froid son âme semble atteinte*, serait à sa place dans la plus franche parodie, non seulement pour son accumulation de sifflantes et de

4. Die Inversionen

Der Alexandriner erlaubt die Umkehrung der Wortstellung – aber nur bedingt. Henri Morier hält fest, Dichter sollten sich hüten, durch Inversion feste Ausdrücke aufzulösen wie z.b. *prendre la poudre d'escampette* [das Hasenpanier ergreifen], Begriffe also, die ihre Bedeutung aus der Zusammensetzung in einer festen Ordnung beziehen – nie also:

Enfin quand d'escampette ils auraient pris la poudre.

In *Grisler* gibt es aber solche Fälle. So findet sich der Ausdruck *passer l'éponge* [Schwamm] (wobei *eponge* ein «neues», eher gewagtes und im tragischen Vokabular noch verpöntes Wort ist) so verändert:

Si vous pouviez Seigneur, par un effort sensé
Arracher ce vif trait de votre coeur blessé,
Et passer de l'oubli l'éponge sur ces charmes... (V. 479–81)

Das ist eine durchaus komische Trennung. Morier betont, der Dichter invertiere «einzig in den Fällen, in denen das auch die Prosa toleriert». V. 1870 allerdings praktiziert diesen Kraftakt grad mit zwei solchen Ausdrücken: blessé à mort und jeter par terre:

Le jette d'un seul coup à mort blessé par terre.

Der Vers ist doppelt erheiternd, weil das Französische hier nicht jeter par terre (man wirft Papier, wälzt sich par terre) verlangt, sondern jeter à terre, dessen Synonyme hinunterwerfen, fällen, umwerfen sind. Das ist nicht mehr Tragödie, das ist schlicht und einfach ihre Parodie. Da ist der Autor des *Grisler* noch der von *l'Homère travesti*, des Werks, das ihm den Spitznamen Scarron von Bern[4] eingetragen hat.

5. Bindungen, Alliterationen und Assonanzen, Versschlüsse

Nur ein Beispiel für den ersten Punkt: *L'Helvéti-en est né* (V. 151) ergibt wegen der zwingenden Bindung den phonetischen Horror *nèné*. Zum zweiten Punkt hätte Vers 1817/18 *Du poison de la crainte / Et de son glaçant froid son âme semble atteinte* in der frischesten Parodie seinen Platz nicht nur wegen seiner Anhäufung von Zischlauten und Nasalen,

nasales, mais aussi par l'antéposition de l'adjectif glaçant (le français n'admet que la postposition : *un froid glaçant*). Il arrive que le comique naisse de la conjonction de l'allitération et de la chute de la réplique : *De votre tête Tell doit abattre d'un trait / Une pomme en public* (III, 4, v. 981/82) : deux dentales sourdes (*d*), cinq dentales sonores (*t*), et quatre labiales (*p* et *b*). Comme disait Albert Dauzat, il ne suffit pas de douze syllabes pour faire un alexandrin qui se tienne ! Cette malheureuse pomme d'ailleurs – dont nul *Tell-Drama* ne saurait évidemment se passer, pas plus que du chapeau ! – fait affreusement chuter le vers quand elle est à la rime : *Jusqu'à ce qu'il abatte enfin en habile homme / D'un coup bien ajusté, de sa fille une pomme (II, 9, v. 829/30).* Qu'on se reporte aussi au distique 1277/78 qui offre la même rime, et la même drôlerie.

De la réception de *Grisler* des deux côtés de la Sarine

Agis-je imprudemment ? (v. 134)

Que l'hémistiche ci-dessus, l'un des plus joyeusement cocasses de l'œuvre (on dit : *est-ce que j'agis* ou, à la limite du ridicule : *agissé-je*), serve d'exergue aux dernières remarques que m'inspire la langue de Henzi : langue louffoque, naïve, mal informée; ne maîtrisant pas les modes verbaux (v. 1025, 1280, 1796, 1989–90); incorrecte (passim) ou frôlant le charabia : *Qu'une feinte bonté, de vos desseins l'écorce / Cache à leurs yeux encore les ressorts de la force* (v. 281–82).

N'ayant plus le temps d'examiner la dramaturgie à l'œuvre, sur laquelle il y aurait beaucoup à dire, notamment à l'aune des critères de la tragédie voltairienne, j'en viens à constater – qu'il s'agisse de la langue, de la prosodie ou de la facture dramatique – qu'aux éloges en provenance d'Outre-Sarine[5], lesquels vont jusqu'à placer Henzi dans le sillage de Corneille, de Racine et de Voltaire, s'opposent les critiques négatives émises par des Suisses romands et un Français. Au tournant du siècle déjà, Philippe Godet et Virgile Rossel ne sont pas tendres pour le *versificateur*, pour le *rimeur* Henzi[6]. Pierre-Olivier Walzer dit de notre tragédie que Henzi «la voulait vengeresse» et qu'elle «n'est qu'ennuyeuse»[7]. Quant à Auguste Ehrhard, doyen de la Faculté des Lettres de Lyon, il parle d'«œuvre pâlotte» et en fait un résumé passablement ironique[8].

sondern auch wegen der Voranstellung des Adjektivs glaçant (das Französische erlaubt nur das Nachstellen: *un froid glaçant*). Die Komik entsteht aus der Verbindung zwischen der Alliteration und dem Ende der Replik. *De votre tête Tell doit abattre d'un trait / Une pomme en public* (III, 4, V. 981/82): zwei stimmlose (*d*) und fünf klingende (*t*) Dental- sowie vier Lippenlaute (*p* und *b*). Wie schon Albert Dauzat sagte: zwölf Silben genügen nicht für einen Alexandriner, der es in sich hat! Der unglückliche Apfel [pomme] – um den ein Tell-Drama noch weniger her- umkommt als um den Hut! – bringt im übrigen den Vers zum grässlichen Ende, wenn er sich so reimt: *Jusqu'à ce qu'il abatte enfin en habile homme / D'un coup bien ajusté, de sa fille une pomme (II, 9, V. 829/30).* Man beachte auch das Verspaar 1277/78, das den selben Reim und den selben Streich offeriert.

Zur Rezeption von *Grisler* dies- und jenseits der Saane

Agis-je imprudemment ? [...ist ganz unklug mein Handeln?] (V.134)

Möge dieser Halbvers, einer der spassigsten des Werks (man sagt: *est-ce que j'agis* oder, an der Grenze zur Lächerlichkeit: *agissé-je*) als Aufhän- ger dienen für die letzten Anmerkungen, zu denen mich die Sprache von Henzi drängt: einer verrückten, naiven, unwissenden Sprache, die weder die Modi der Verben beherrscht (V. 1025, 1280, 1796, 1989–90), fehl- erhaft ist oder nahe beim Kauderwelsch: *Qu'une feinte bonté, de vos desseins l'écorce / Cache à leurs yeux encore les ressorts de la force* (V.281–82).

Da die Zeit fehlt zur Untersuchung der Dramaturgie des Werkes, zu der es ebenfalls viel zu sagen gäbe, vor allem im Hinblick auf die Kri- terien der Voltaireschen Tragödie, muss ich – sowohl was die Sprache, die Verslehre und die Dramaturgie betrifft – feststellen, dass dem Lob von jenseits der Saane[5], das Henzi im Kielwasser von Corneille, Racine und Voltaire sieht, die negativen Wertungen von Welschschweizern und eines Franzosen entgegenstehen. Bereits vor der Wende zu diesem Jahr- hundert gehen Philippe Godet und Virgile Rossel gar nicht gnädig mit dem *Versemacher* und *Reimer* Henzi[6] um. Pierre-Olivier Walzer meint, Henzi habe unsere Tragödie «rächerisch» gemeint und nennt sie «lang- weilig»[7]. Auguste Ehrhard, Doyen der Faculté des Lettres von Lyon, spricht von einem «blässlichen Werk» und bespricht es ziemlich iro-

François Jost n'est pas tendre non plus : «Composée en vers alexandrins sans expérience ni génie, l'œuvre, quoique sans valeur, n'est cependant pas sans mérite; elle constitue un document des plus instructifs : quelle différence entre la conception du droit des gens avant et après la Révolution !»[9].

Deux réceptions, donc, très nettement divergentes.

Henzi lui-même, d'ailleurs, avait à l'endroit de son style une joyeuse désinvolture et ne se faisait apparemment pas d'illusion. N'écrit-il pas au Roi de Prusse, dans la dédicace qui précède la *Bataille de Friedberg* (1746) :

> *Je sais bien que ma langue encore en son berceau*
> *Peut déplaire au lecteur par son accent nouveau*[10],

et sa franchise éclate dans l'avis qui précède *La Messagerie du Pinde* (1747) :

> *Rousseau, le Pindare de la lyre française, nous dit qu'un auteur n'a pas trop de la moité de sa vie pour composer un livre, et de l'autre moitié pour le corriger... A quoi servent tant de façons ? Pour moi, je suis persuadé que le plus rapidement et le plus inconsidérément que l'on écrit, et mieux l'on écrit : plus un ouvrage est travaillé, moins il vaut*[11].

Un contemporain de Henzi, qui écrit après sa mort, fait suivre ses louanges de cette remarque : «Mais il ne voulait ni ne pouvait remanier longuement ses essais, ni les reprendre à neuf.»[12]

N'empêche que Bodmer aurait affirmé, dans une lettre également écrite après la mort de l'auteur, qu'il avait eu l'intention de faire jouer sa pièce dans un théâtre parisien, qu'elle était vraiment faite pour Paris, où elle serait retouchée[13].

Pourquoi, dira-t-on, republier une œuvre laissée à ce point à l'état de friche ? Comme la Suisse alémanique en appelait une traduction de ses vœux, l'idée s'est imposée d'en faire une édition bilingue. Elle intéressera en sa qualité de manifeste, et de maillon dans l'histoire, abondante, des versions dramatiques de Guillaume Tell.

nisch[8.] Auch François Jost ist nicht zimperlich: «Verfasst in Alexandrinern ohne Erfahrung und Geist, ist das Werk – wenn auch ohne Wert – nicht ohne Verdienst; es bildet ein sehr lehrreiches Dokument: welch ein Unterschied zwischen der Vorstellung von den Menschenrechten vor und nach der Revolution!»[9]

Zwei Rezeptionen also, die klar auseinandergehen.

Henzi selber legte im Hinblick auf seinen Stil eine fröhliche Unbekümmertheit an den Tag und machte sich dazu offensichtlich keine Illusionen. So schreibt er an den König von Preussen in der Widmung, die er der *Bataille de Friedberg* (1746) voranstellt:

Je sais bien que ma langue encore en son berceau
Peut déplaire au lecteur par son accent nouveau[10],

und seine Offenheit bricht aus im Hinweis vor *La Messagerie du Pinde* (1747):

Rousseau, der Pindar der französischen Leier, sagt uns, dass ein Autor mindestens die Hälfte seines Lebens dazu verwende, ein Buch zu schreiben, und die andere Hälfte, um es zu korrigieren... Wozu diese Umstände? Ich bin überzeugt, je schneller und unüberlegter man schreibt, desto besser schreibt man: je mehr ein Werk überarbeitet wird, desto weniger taugt es[11].

Ein Zeitgenosse Henzis, der nach dessen Tod schreibt, lässt seinem Lob diese Bemerkung folgen: «Aber er wollte und konnte seine Essays nicht überarbeiten oder gar wieder neu an die Hand nehmen.»[12]

Dennoch hat Bodmer – in einem Brief ebenfalls nach dem Tod des Autors – angegeben, dass Henzi sein Stück in einem Pariser Theater herausbringen wollte, dass es wirklich für Paris bestimmt gewesen sei und dort überarbeitet werden sollte[13].

Weshalb denn ein Werk neu herausgeben, das in solch unfertigem Zustand hinterlassen wurde? Als aus der Deutschschweiz eine Übersetzung vorgeschlagen wurde, entstand die Idee, eine zweisprachige Ausgabe zu veranstalten. Sie wird als Manifest interessieren, und als Knoten in der reichen Geschichte der dramatischen Versionen von Wilhelm Tell.

(Übersetzung: Hansueli W. Moser-Ehinger)

Notes

[1] Maria Krebs, *Henzi und Lessing*, Bern, 1903. Elle examine la question et fournit des hypothèses, p. 18.

[2] Le texte de la pièce reproduit l'édition originale de 1762 en ajoutant toutefois la numérotation des vers.

[3] Henri Morier, *Dictionnaire de poétique et de rhétorique*, Presses universitaires de France, Paris, 1961; seconde édition 1975.

[4] Virgile Rossel, *Le Semeur*, Paris-Lausanne, février-mars 1890. Paul Scarron (1610–1662) lança la mode du genre burlesque, avec notamment *Virgile travesti* (1648–52). Henzi se met dans son sillage en écrivant *Homère travesti* (1747).

[5] Eloges qu'expriment ici-même Urs Helmensdorfer et Kurt Steinmann; jugements positifs que cite Maria Krebs, *Henzi und Lessing*, Berne 1903. On lira avec intérêt l'analyse nuancée de Manfred Gsteiger, *Tell-Dramen des 18. Jahrhunderts*, Bern et Stuttgart, Haupt, 1985, p. 87–100. Quant à Reinhardt Stumm, il est d'un enthousiasme total : «C'est une pièce formidable». Il ajoute que Henzi maîtrise la langue voisine, qu'il a su mener sa pièce à travers cinq actes pleinement élaborés, sans jamais renoncer à la hauteur de son ambition stylistique, qu'il se montre un auteur dramatique futé qui savait son métier. (*Theater heute*, N° 6/1988, p. 36).

[6] Ils ne parlent pas de *Grisler*, mais d'autres œuvres antérieures. Philippe Godet, *Histoire littéraire de la Suisse française*, Neuchâtel, 1898, p. 345; Virgile Rossel, *Histoire littéraire de la Suisse romande*, Neuchâtel, 1903, p. 422. Voir aussi ma note 4. Godet parle «d'assez méchants petits vers» et Rossel descend en flèche *La Bataille de Friedberg* : «...on sent le rimeur exténué qui s'essouffle, qui halète, qui rend l'âme à poursuivre l'insaisissable inspiration».

[7] P. O. Walzer, «De quelques héros», *Pages suisses*, N° 15, Kundig, Genève, 1943, p. 16–17.

[8] Schiller, *Guillaume Tell*, traduit et préfacé par Auguste Ehrhard, Ed. Montaigne, sans date, bilingue, p. XXXVI-VII.

[9] Fr. Jost, *Essais de littérature comparée*, Fribourg, Ed. Universitaires, 1964, p. 226.

[10] Voir note 4, p. 179.

[11] Voir note 4, p. 210.

[12] Voir note 1, p. 9.

[13] Voir note 1, p. 48.

Anmerkungen

[1] Maria Krebs, *Henzi und Lessing*, Bern, 1903. Das Buch prüft die Frage und liefert Hypothesen. S. 18.

[2] Die Reproduktion ist durch eine Versnumerierung ergänzt worden.

[3] Henri Morier, *Dictionnaire de poétique et de rhétorique*, Presses universitaires de France, Paris, 1961; seconde édition 1975.

[4] Virgile Rossel, *Le Semeur*, Paris-Lausanne, février-mars 1890. Paul Scarron (1610–1662) brachte die Mode der burlesken Gattung auf, vor allem mit seinem *Virgile travesti* (1648–52). Nach diesem Vorbild schrieb Henzi seinen *Homère travesti* (1747)

[5] Solche Wertungen werden hier von Urs Helmensdorfer und Kurt Steinmann geäussert; es sei zudem auf die positiven Würdigungen verwiesen, die zitiert werden in Maria Krebs, *Henzi und Lessing*, Bern 1903. Interesse findet auch die subtile Analyse von Manfred Gsteiger in *Tell-Dramen des 18. Jahrhunderts*, Bern und Stuttgart, Haupt, 1985, S. 87–100. Reinhardt Stumms Wertung ist voller Enthusiasmus: «Ein tolles Stück. Henzi, auch der Nachbarsprache mächtig», habe das Stück durch fünf voll ausgebaute Akte getrieben, «ohne die Höhe seines sprachlichen Ausdrucks je aufzugeben, er zeigt sich als ausgepichter Dramaturg, der etwas vom Handwerk verstand, und war ein Feuerkopf.» (*Theater heute*, Nr. 6/1988, S. 36).

[6] Die Rede ist dabei nicht von *Grisler*, sondern von früheren Werken. Philippe Godet, *Histoire littéraire de la Suisse française*, Neuchâtel, 1898, S. 345; Virgile Rossel, *Histoire littéraire de la Suisse romande*, Neuchâtel, 1903, S. 422. Siehe auch meine Anmerkung 4. Godet redet von «ziemlich elenden kleinen Versen» und Rossel schiesst *La Bataille de Friedberg* geradezu ab: «...man spürt den entkräfteten Reimer den Atem verlieren, wie er keucht und mit der Seele der unerreichbaren Inspiration nachrennt».

[7] P. O. Walzer, «De quelques héros», *Pages suisses*, N° 15, Kundig, Genève, 1943, S. 16–17.

[8] Schiller, *Guillaume Tell*, traduit et préfacé par Auguste Ehrhard, Ed. Montaigne, sans date, bilingue, S. XXXVI-VII.

[9] Fr. Jost, *Essais de littérature comparée*, Fribourg, Ed. Universitaires, 1964, S. 226.

[10] Siehe Anmerkung 4, S. 179.

[11] Siehe Anmerkung 4, S. 210.

[12] Siehe Anmerkung 1, S. 9.

[13] Siehe Anmerkung 1, S. 48.

Die Schweizerische Gesellschaft für Theaterkultur (SGTK) wurde 1927 gegründet. Sie setzt sich zum Ziel, «Theater in allen seinen Ausdrucksformen zu unterstützen und zu erforschen». Sie setzt sich für das Theater in allen Sprachregionen ein, also auch in der französischen Schweiz, im Tessin und in Italienisch-Bünden und für das Theater der Rätoromanen. Ihre Publikationen sind in der Regel mehrsprachig.

Die SGTK veranstaltet Tagungen und Kolloquien zu Theaterfragen. Derzeit werden in Zusammenarbeit mit dem Lehrstuhl für Theaterwissenschaft an der Universität Bern, dessen Schaffung die Gesellschaft seit ihrer Gründung betrieben hat, die Grundlagen für eine *Theatergeschichte der Schweiz* erarbeitet. In der Öffentlichkeit ist die SGTK wohl am bekanntesten für den Hans Reinhart-Ring, den eine unabhängige Jury jährlich Persönlichkeiten zuspricht, die sich um das Theater in der Schweiz besonders verdient gemacht haben. 1993 erhielt mit Paul Roland, dem Leiter der Schauspielschule Bern, erstmals jemand aus dem Bereich der Ausbildung diese Auszeichnung; für 1994 wurde sie der Tessiner Theaterfrau Ketty Fusco, für 1995 dem Licht-Designer Rolf Derrer, für 1996 dem Schauspieler Mathias Gnädinger und für 1997 dem Regisseur Luc Bondy zugesprochen.

Die SGTK entfaltet eine rege Publikationstätigkeit. Sie hat bis jetzt über 50 Theater-Jahrbücher und andere Schriften veröffentlicht, die sich mit den verschiedenen Aspekten des Theaters in der Schweiz befassen. Mehrmals jährlich erscheint *MIMOS*, die Zeitschrift der SGTK.

Die Mitglieder der SGTK erhalten die Jahrbücher und *MIMOS* unentgeltlich; weitere Publikationen – zum Beispiel *Szene Schweiz* – werden ihnen zu reduziertem Preis angeboten.

Jahresbeitrag ab Fr. 70.- (Einzelmitglied), Fr. 100.- (Kollektivmitglied), Fr. 35.- (Jugendmitglied unter 25 Jahren), ab Fr. 200.- (Gönnermitglied).

Fondée en 1927, la Société suisse du théâtre (SST) a pour but d'encourager la pratique et l'étude du théâtre sous toutes ses formes (Statuts, art. 1). Son activité s'étend à l'ensemble du pays et ses publications sont d'ordinaire en plusieurs langues.

La SST organise des colloques à l'intention de ses membres. Quant à ceux des dernières années, organisées conjointement par la SST et par l'Institut d'études théâtrales de l'Université de Berne, ils ont pour but de préparer la rédaction d'une nouvelle *Histoire du théâtre en Suisse*. Dans le grand public, la SST est surtout connue pour la remise de l'*Anneau Hans-Reinhart*, distinction décernée chaque année à une personnalité marquante du théâtre suisse: pour 1993 à Paul Roland, directeur de l'école d'art dramatique à Berne, pour 1994 à Ketty Fusco, doyenne du théâtre dans la Suisse de langue italienne, pour 1995 à Rolf Derrer, light-designer, pour 1996 à Mathias Gnädinger, comédien, et pour 1997 à Luc Bondy, metteur en scène.

La SST poursuit depuis sa fondation une politique de publication active: plus de cinquante *Annuaires du théâtre suisse* (sans compter d'autres publications) ont paru à ce jour. Le bulletin *MIMOS* paraît plusieurs fois par an.

L'*annuaire* et *MIMOS* sont offerts gratuitement aux membres de la société, d'autres publications – *Scène suisse* par exemple – leur sont proposées à prix réduit.

Les cotisations annuelles: à partir de Fr. 70.- (membre personnel), Fr. 100.- (institution), Fr. 35.- (membre jeunesse, moins de 25 ans), Fr. 200.- (membre donateur).

Der Vorstand der SGTK
Le comité de la SST

Ehrenpräsident
Dr. Karl Gotthilf Kachler
Rheinparkstrasse 5/14
CH-4127 Birsfelden
T (P) 061 312 50 80

Präsident / président
Gian Gianotti
Theater-Regisseur, Projekte und Projektleitungen
Sihlfeldstrasse 57
CH-8003 Zürich
T (B) 01 462 02 32

Im Underberg 33, CH-8239 Dörflingen
T (P) 052 657 40 80 / F 052 657 40 82

Vizepräsident / vice-président
Dr. Christian Jauslin
Bruderholzallee 110, CH-4059 Basel
T (P) 361 51 55 / F (P) 351 51 64

Geschäftsführendes Vorstandsmitglied / administrateur
Hansueli W. Moser-Ehinger
Postfach 1807, CH-4001 Basel
T 061 321 10 60 / F 061 321 10 75
eMail: hwmoser@magnet.ch

Vorstandsmitglieder / membres du comité

Dr. Lydia Benz-Burger
Melchior Hirzel-Weg 42, CH-8910 Affoltern a.A.
T 01 761 99 71

Prof. Dr. Balz Engler
Ordinarius für Englische Philologie an der
Universität Basel
Nadelberg 6, CH-4051 Basel
T (B) 061 267 27 90
eMail: Engler@ubaclu.unibas.ch

Hermann Albrecht-Strasse 22, CH-4058 Basel
T (P) 061 691 71 83
eMail: Engler@ubaclu.unibas.ch

Ernst Gosteli
Das Theater an der Effingerstrasse
Postfach 603, CH-3000 Bern 8
T / F (B) 031 382 72 73
eMail: dastheater@mso.ch

Postgasse 26, CH-3011 Bern
T (P) 031 312 13 93

Prof. Dr. Andreas Kotte
Institut für Theaterwissenschaft
Universität Bern
Hallerstrasse 5, CH-3012 Bern
T (B) 031 631 39 18 / F (B)031 631 39 88

Rosenweg 11, CH-3066 Stettlen
T (P) 031 932 01 97

Giovanni Netzer
cand. theol.
Georgenstrasse 2, D-80799 München
T (P) ~49 89 39 73 05

Tga Paterna, CH-7460 Savognin
T (P) 081 74 18 58

Béatrice Perregaux
Chargée de cours en histoire du théâtre et en
dramaturgie
Université de Genève, Faculté des Lettres
T (B) 022 705 73 17

3, Grand'Cour, CH-1256 Troinex GE
T (P) 022 784 34 37

Prof. Dr. Jean-Yves Pidoux
Acteur et sociologue
Institut de sociologie des communications
Université de Lausanne
BFSH 2
T (B) 021 692 32 16 / F (B) 021 692 32 15
eMail: Jean-Yves.Pidoux@iscm.unil.ch

Av. du Léman 2, CH-1005 Lausanne
T (P) 021 311 56 85
eMail: Jean-Yves.Pidoux@iscm.unil.ch

Prof. Dr. Renato Reichlin
Viale Officina 8
CH-6500 Bellinzona
T (P) 091 825 89 92 / F (P) 091 826 44 17

Geschäftsstelle / siège social

Schweizerische Gesellschaft für Theaterkultur
Société suisse du théâtre
Postfach / case postale 1940
CH-4001 Basel
T 061 321 10 60 / F 061 321 10 75
eMail: SGTK@access.ch
Internet: http://www.theater.ch/SGTK.html (deutsch)
           http://www.theater.ch/SST.html (français)

In der Reihe THEATRUM HELVETICUM sind erschienen

THEATRUM HELVETICUM 1

Andreas Kotte (Hg.)

Sondierungen zum Theater – Enquêtes sur le théâtre

Beiträge zur Theatergeschichte der Schweiz – Contributions à l'histoire du théâtre en Suisse

517 Seiten/pages, illustr., Fr. 70.-. Editions Theaterkultur Verlag Basel, 1995, ISBN 3-908145-24-4. Schweizer Theater-Jahrbuch 56-1995 der SGTK / Annuaire suisse du théâtre 56-1995 (Bestellnummer/No de commande SGTK 155)

THEATRUM HELVETICUM 2

Thomas Blubacher

Befreiung von der Wirklichkeit?

Das Schauspiel am Stadttheater Basel 1933–1945

416 Seiten, illustr., Fr. 65.-. Editions Theaterkultur Verlag Basel, 1995, ISBN 3-908145 27-9. (Bestellnummer SGTK 156)

In Vorbereitung

THEATRUM HELVETICUM 3

Simone Gojan

Spielstätten der Schweiz 1675–1900

Ca. 600 Seiten/pages, illustr., ca. Fr. 70.- Erscheint 1997 als Schweizer Theater-Jahrbuch 58-1997/Paraît en 1997 et constitue l'Annuaire suisse du théâtre 58-1997. Editions Theaterkultur Verlag Basel, 1997, ISBN 3-908145-28-7

Projekte / projets

THEATRUM HELVETICUM 4

Stefan Koslowski

Theatralitätsformen in Konkurrenz. Zur Theatergeschichte Basels im 19. Jahrhundert (Arbeitstitel)

THEATRUM HELVETICUM 5

Anne-Catherine Sutermeister

Suisse Romande: formes de théâtre à la fin des années 60 (titre provisoire)

In der Reihe Materialien des ITW sind erschienen

Andreas Kotte (Hg.)

Theaterwissenschaft

Materialen des ITW Bern, Heft 1. 216 S., Fr. 19.-. Editions Theaterkultur Verlag Basel, 1994. ISBN 3-908145-21-x.

Andreas Kotte (Hg.)

Theater der Region – Theater Europas

Kongress der Gesellschaft für Theaterwissenschaft (27 Referate)

Materialien des ITW Bern, Heft 2. 396 S., ill., Fr. 75.-. Editions Theaterkultur Verlag Basel, 1995, ISBN 3-908145-25-2.

Katharina Rüegg

Selbstinszenierung

Öffentlichkeitsarbeit von vier Theatern der Schweiz

Materialien des ITW Bern, Heft 3. 129 S., Fr. 35.-. Editions Theaterkultur Verlag Basel, 1995, ISBN 3-908145-26-0.

Giordano Bruno

Candelaio

Kerzen, Gold und Sprachgelichter
Komödie in fünf Akten, übersetzt und mit einem Nachwort versehen din Johannes Gerber

Materialien des ITW Bern, Heft 4. 179 S., Fr. 35.-. Editions Theaterkultur Verlag Basel, 1995, ISBN 3-908145-29-5.

Samuel Henzi / Kurt Steinmann

Grisler ou l'ambition punie – Grisler oder der bestrafte Ehrgeiz

1748/49, Tragédie / Tragödie
Edition bilingue / Deutsch von Kurt Steinmann

Materialien des ITW Bern, Heft 5. 200 S./p., ca. Fr. 35.-. Editions Theaterkultur Verlag 1996, ISBN 3-908145-31-7.
Schweizer Theater-Jahrbuch 57-1996 / Annuaire suisse du théâtre 57-1996.

Bestellungen / commandes
Editions Theaterkultur Verlag c/o SGTK, Postfach 1940, CH-4001 Basel
Tel. 061 321 10 60 Fax 061 321 10 75 eMail SGTK@access.ch

Figurentheater
Théâtre de marionnettes

Stückemarkt MIMOS 1
«Lohnhof» von Heinrich Henkel

MIMOS – Zeitschrift der Schweizerischen Gesellschaft für Theaterkultur
MIMOS – Bulletin de la Société suisse du théâtre
MIMOS – Bollettino della Società svizzera di studi teatrali
MIMOS – Bulletin da la Societad svizra per la cultura da teater

Themenhefte / numéros thématiques

MIMOS 3-4/94:	Sterben auf der Bühne – Mourir sur scène
MIMOS 1-2/95:	Tiere und Theater – Animaux et théâtre
MIMOS 4 / 95:	Schreiben für das Theater – Ecrire pour le théâtre
MIMOS 1-2 / 96:	Figurentheater – Théâtre de marionnettes
	(mit Stückemarkt: *Lohnhof* von Heinrich Henkel)
MIMOS 4/96:	Medizin und Theater – Médecine et théâtre
	(avec La foire aux pièces: *Nous le sommes tous*
	d'Olivier Chiacchiari)

Das Abonnement von MIMOS ist im Mitgliederbeitrag der Schweizerischen Gesellschaft für Theaterkultur inbegriffen

Jahresabonnement: Fr. 25.-

Einzelnummern Fr. 10.- (+ Versandkosten)

Bestellungen:
SGTK, Postfach 1940, CH-4001 Basel
Fax: 061 321 10 75
eMail: SGTK@access.ch

La cotisation annuelle à la société suisse du théâtre comprend l'abonnement à MIMOS.

Prix de l'abonnement: Fr. 25.-

Prix du numéro: Fr. 10.- (+ frais de port)

Commandes:
SST, case postale 1940, CH-4001 Bâle
Fax: 061 321 10 75
eMail: SGTK@access.ch

Adressen

Schweizerische Gesellschaft für Theaterkultur / Société suisse du théâtre
Editions Theaterkultur Verlag
Redaktion MIMOS / Rédaction MIMOS

Schweizerische Gesellschaft für Theaterkultur
Postfach 1940
CH-4001 Basel

Société suisse du théâtre
case postale 1940
CH-4001 Bâle

Editions Theaterkultur Verlag
c/o SGTK
Postfach 1940
CH-4001 Basel

Editions Theaterkultur Verlag
c/o SST
case postale 1940
CH-4001 Bâle

Redaktion MIMOS
c/o SGTK
Postfach 1940
CH-4001 Basel

Rédaction MIMOS
c/o SGTK
case postale 1940
CH-4001 Bâle

Telefon: 061 321 10 60
Telefax: 061 321 10 75
eMail: SGTK@access.ch

Téléphone: 061 321 10 60
Téléfax: 061 321 10 75
eMail: SGTK@access.ch

Grisler